Joachim Welz
Vom Kontingentsheer zum Reichsheer.
Militärkonventionen als Motor der Wehrverfassung

Vom Kontingentsheer zum Reichsheer

Militärkonventionen als Motor der Wehrverfassung

Joachim Welz

2018

Carola Hartmann Miles-Verlag

CIP-Kurztitelaufnahme der Deutschen Nationalbibliothek
Joachim Welz, Vom Kontingentsheer zum Reichsheer.
Militärkonventionen als Motor der Wehrverfassung, Berlin 2018

© Carola Hartmann Miles-Verlag,
email: miles-verlag@t-online.de
www.miles-verlag.jimdo.com

Titelbild: Le grand ogre allemand (König Wilhelm frißt die deutschen Kleinstaaten), akg-images
Herstellung: Books on Demand, Norderstedt

Alle Rechte, insbesondere das Recht der Vervielfältigung und Verbreitung sowie der Übersetzung, vorbehalten. Kein Teil des Werkes darf in irgendeiner Form (durch Fotokopie, Mikrofilm oder ein anderes Verfahren) ohne schriftliche Genehmigung des Verlages reproduziert oder unter Verwendung elektronischer Systeme gespeichert, verarbeitet, vervielfältigt oder verbreitet werden.

Printed in Germany

ISBN 978-3-945861-72-1

Inhaltsverzeichnis

1.	Die deutsche Einigung in der Wehrverfassung	7
a)	Wehrverfassung im Föderalismus als politisches und staatsrechtliches Grundsatzproblem	7
b)	Quellen und Stand der Forschung	10
2.	„Zwei Hahne taugen nicht auf einem Mist" – „echtes" Kontingentsheer des Deutschen Bundes	14
3.	Subsidiäre Reichsarmee – die Wehrverfassung der Paulskirche 1849	23
4.	Hegemonialbestrebungen und Konventionspolitik Preußens vor 1866	28
5.	Wehrverfassung im Norddeutschen Bund – ein Hund mit Flöhen	36
a)	löcherige Regel – die Wehrfassung	39
aa)	das Einheits-(Bundes-, Reichs-)Prinzip	40
bb)	Preußen als Hegemon	47
cc)	das Kontingentsprinzip / landesherrliche Befugnisse	49
b)	die Ausnahme als Regel: die Militärkonventionen	53
aa)	„Großpreußen" oder die Konventionen mit den norddeutschen Kleinstaaten	54
bb)	Verfassung + - die Konventionen mit Sachsen	58
cc)	Rechtsfragen	61
c)	verfassungstreu und doch Rebell – Braunschweig bis 1886	64
6.	Über Süddeutschland und Frankreich zum Deutschen Reich	66
7.	Die Wehrverfassung des Deutschen Kaiserreiches	70
a)	die Reichsverfassung	70
b)	Konventionen mit den Süddeutschen Staaten	74
aa)	Großherzogtum Baden und Herzogtum Hessen	74
bb)	das Militärverhältnis Württembergs	75
cc)	„Preuß' ist Preuß', ob er König oder Kaiser tituliert wird" – der Beitrittsvertrag mit Bayern	78

c)	atypische Konventionen: Elsaß-Lothringen, Festung Ulm	83
d)	Reich oder Preußen – die borussische Dominanz	85
e)	militärische Reichsorganisationen: Elsaß-Lothringen, Ostasiatische Brigade, Marine, Schutztruppe	90
f)	das Heer des Kaiserreiches – Reichsheer oder Kontingentsheer?	93
g)	„militärisch-technische" Einheit – Verreichlichung im Kaiserreich	103
8.	„Verreichlichung" als politisch-historische Gesetzmäßigkeit – die Wehrverfassungen der Weimarer Republik und der Bundesrepublik	106
9.	Ergebnisse / Thesen	111
	Literaturverzeichnis	114
	Register	120

Gibt doch die Beschaffenheit... der Heere die genaueste
Einsicht in die Beschaffenheit irgendeines Reiches.

J. W. Goethe,
Dichtung und Wahrheit, 3. Teil, 12. Buch

1. Die deutsche Einigung in der Wehrverfassung

a) Wehrverfassung im Föderalismus als politisches und staatsrechtliches Grundsatzproblem

Das „Militär" ist „das" Symbol für staatliche Macht und Souveränität, ist doch die Selbsterhaltung und damit Schutz des Staates und seiner Bürger wichtigstes und allgemein anerkanntes Staatsziel. Zentraler Bestandteil eines funktionierenden Staates sind damit seine Wehrhoheit und seine „Wehrmacht". Beide sind folglich Ausdruck von Macht und Symbol der Souveränität und fokussieren sich in der Wehrverfassung. „Wehrverfassung" bedeutet dabei die Summe aller Regelungen, die in einem politischen Gebilde für das Militärwesen gelten, also auch alle einfach-gesetzlichen Regelungen, öffentlich-rechtlichen Verträge, wichtigen Verordnungen u.ä.; der Begriff ist also wesentlich weiter als der der Verfassung(surkunde) und des materiellen Verfassungsrechts, wobei die Grundzüge der Wehrverfassung allerdings üblicherweise Bestandteil der Staatsverfassung sind.[1] Da sich hierin die historische Situation, politische Ziele und Tendenzen und gesellschaftliche Strömungen manifestieren, gibt die Wehrverfassung in der

---

[1] Arg. § 16 Paulskirchenverfassung und Art. 79 Abs. 1 Weimarer Reichsverfassung; Gau, S. 2f; Gümbel, S. 5; Hans Herzfeld, Staats-, Gesellschafts- und Heeresverfassung, in: Schicksalsfragen der Gegenwart, Bundesministerium der Verteidigung (Hrsg.), Band III, Bonn 1958, S.9-26; Raesch, S. 1; Stern, S. 844-848; Vorwerk, S. 13-18; zum historischen Verhältnis von Gesellschaft, Wehr- und Staatsverfassung Otto Hintze, Staatsverfassung und Heeresverfassung, Dresden 1906, insbes. S. 4, 7, 44; zu der Hierarchie der Staatsziele allgemein Renate Mayntz, Soziologie der öffentlichen Verwaltung, 4. Aufl., Heidelberg 1997, S.44.

Tat „genaueste Einsicht in die Beschaffenheit eines Reiches" und ist Spiegel des Staates und seiner Gesellschaft.

So ist, wie aktuell wieder die Probleme der EU bei den Ansätzen zu einer gemeinsamen Verteidigung zeigen, bei Koalitionen, Staatenbünden und Zusammenschlüssen, steigend nach dem Grad ihrer Bindung, die Organisation des „Militärs" stets ein „Knackpunkt": Gerade traditionsbewusste Staaten geben nach dem eingangs Gesagten nur sehr ungern Kompetenzen für ihr Militär ab. Andererseits, gerade in Krisenzeiten wegen potenziellen Überlebenskampfes unter stärkstem Druck stehend, ist für die Effizienz des Militärs stärker als in anderen Bereichen staatlicher Tätigkeiten Koordination, Standardisierung oder gar Vereinheitlichung und Zentralisierung erforderlich. Damit wird das Militär politisch und staatsrechtlich nicht selten Vorreiter bei staatlichen Zusammenschlüssen.

Beide Interessen prallen bei Bemühungen um Zusammenschlüsse aufeinander. Die „Wehrverfassung" von Koalitionen, Staatenbünden und Bundesstaaten ist deshalb von großer Aussagekraft über Zweck, Ernsthaftigkeit und Intensität des Zusammenschlusses und jeder föderalistischen Ordnung.[2] Neben Kooperation und Standardisierung ist eine wichtige Stufe hierfür der institutionalisierte gemeinsame Oberbefehl im Krieg und vor allem im Frieden. Für intensivere Zusammenschlüsse ist dann die entscheidende Weichenstellung vorzunehmen: Föderalisierung oder Zentralisierung des Militärs und seiner Verwaltung, d.h. Verbleib der Wehrhoheit bei den Einzelstaaten oder Abgabe an den Gesamtstaat durch Schaffung einer einheitlichen „Wehrmacht"?

Besonders gutes historisches Anschauungsmaterial liefert hierfür der Prozess der deutschen Vereinigung im 19. Jahrhundert, die mit dem relativ lockeren Zusammenschluss des „Deutschen Bundes" begann und über das gescheiterte (Paulskirchen)"Reich" von 1848/1849 zum – jetzt unter preußischer Hegemonie – Bundesstaat des Norddeutschen Bundes und schließlich zum Deutschen Reich von 1871 führte.

---

[2] Gau, S. 2f; Haenel, S. 482f.

Dabei war das Militär nicht nur politisch Wegbereiter der Einheit.[3] In der deutschen (Verfassungs)Geschichte des 19. und 20. Jahrhunderts ist dieser historische und staatsrechtliche Trend des Kampfes um Zusammenwachsen und Zentralisierung gegen den traditionellen Föderalismus im Militärwesen besonders ausgeprägt, wovon schließlich in der Weimarer Reichsverfassung und in der Wehrverfassung des Grundgesetzes zwar nur ein rudimentärer, aber doch noch föderaler Rest übrig geblieben ist.

Nach dem bescheidenen Beginn im Deutschen Bund und dem gestoppten Schwung der Frankfurter Nationalversammlung erfolgte der „Durchbruch" zu dieser Vereinheitlichung des Militärs wesentlich mit der Gründung des Norddeutschen Bundes und des Kaiserreiches, d.h. in den 4 ½ Jahren zwischen 1866 und 1871. In dieser Phase wird aber auch das mühsame Ringen und Austarieren von föderalistischen und zentralistischen Elementen besonders deutlich.
Dabei hat sich für die damalige Situation, widerstreitende Interessen und Machtverhältnisse das Verfassungsrecht nicht nur als zu grob und schematisch erwiesen. Auch waren die Gewichte zwischen Hegemon, Mittel- und vor allem Kleinstaaten in der Verfassung anders verteilt als es den politischen Realitäten entsprach. Alle betroffenen Staaten - bis 1886 mit Ausnahme Braunschweigs - haben deshalb mehr oder weniger freiwillig mit Preußen „Militärkonventionen" abgeschlossen, die nicht nur beträchtlich vom Leitbild der Verfassung abwichen, sondern auch faktisch ein (fast) einheitliches Heer schufen, im Gegenzug allerdings je nach Größe und Macht differierende individuelle Bedingungen für die traditionellen „Länderkontingente" „retteten". Dies hat im Norddeutschen Bund und im Kaiserreich zu einem ausgeklügelten Kompromiss zwischen zentralistischem Heer und Kontingentsheer geführt, der zum Fokus der historischen Einigungstendenz wurde. Dessen Entstehung, Ausprägung und Charakter soll im Folgenden untersucht werden.

---

[3] Miller, S. 3.

Hierfür sind insbesondere zu klären:
- Die politische und strategische Situation, Motive und Interessen für die ausdifferenzierte und scheinbar unsystematische Wehrverfassung;
- Die Diskrepanz zwischen Verfassung und Konventionensystem;
- Die Sonderstellung Preußens und seine Vermengung mit dem Reich und Reichsinstitutionen;
- zentralistisch vs. föderal? Charakteristik und dominierendes Element, staatsrechtliche Bewertung und historische Einordnung.

Ein weiterführender Gedanke ist schließlich, ob - im Zeitalter des Auseinanderbrechens von Bündnissen/Bundesstaaten einerseits, aber Entstehen neuer Kooperationen und Verbünde andererseits - die Wehrverfassung des Deutschen Reiches ein „Paradigma"[4] ist und als Modellfall für die Zukunft, insbesondere für die Kollektivverteidigung bei Staatenbünden oder Zusammenschlüssen dienen kann.

b) Quellen und Stand der Forschung

Da die Deutsche Einigung der politische Haupttopos der zweiten Hälfte des 19. Jahrhunderts war, gibt es dementsprechend viele Primärquellen. Dies sind zunächst die Originaltexte der Verfassungen, Gesetze und Konventionen. Hierzu existieren unzählige Materialien wie Akten, Reichstags- und Landtagsprotokolle und -drucksachen, Zeugnisse der Akteure u.ä., die zum Teil in zahlreichen Dokumentationen veröffentlicht sind. Dabei haben die erwähnten Materialien mehr die politischen Implikationen als die staatsrechtlichen Probleme zum Gegenstand und sind auch politisch eher Momentaufnahmen, die hier nur insoweit verwendet sind, wie es zum Verständnis erforderlich ist. Darüber hinaus gibt es zahllose Beschreibungen des preußischen und deutschen Militärs, das ja irgendwie der Stolz der Nation war, von der Trivialliteratur bis zu Fachbüchern, die den Ist-Zustand tendenziell positiv beschreiben und die Probleme (bewusst?) ausklammern. Hierfür steht stellvertretend Feuerwerks-Oberleutnant

---

[4] Haenel, S. 483.

Hein und sein „Werkchen" über das Deutsche Heer. Auch in der politischen Praxis wird weitgehend problemlos nach Verfassung und Konventionen verfahren, augenscheinlich, weil den Beteiligten klar war, was politisch gewollt, möglich und sinnvoll war.

In der staatsrechtlichen Literatur wird zunächst in enger Anlehnung an den Wortlaut der Wehrverfassung „mehr beschrieben als definiert".[5] Allerdings ist der Verfassungstext an vielen Stellen (bewusst?) unklar formuliert, so dass sich alsbald schwerwiegende rechtliche Streitfragen ergaben. Die Wehrverfassung wurde dann erstmalig systematisch aufgearbeitet von Paul Laband in der ersten Auflage seines „Staatsrechts" von 1880,[6] der so zum Auslöser einer vertieften staatsrechtlichen Diskussion der Wehrverfassung wurde - historische Auslegung, Leitprinzipien, saubere Unterscheidung Preußen bzw. Bund/Reich?; verfassungsmäßige Einordnung der Konventionen und „richtiger" Vertragspartner für Preußen (König oder Regierung?) bzw. Bund/Reich (Bundesfeldherr oder Präsidium/Kaiser)?

Zum im Kaiserreich am meisten diskutierten staatsrechtlichen Problem überhaupt wird alsbald die Frage nach der zentralistischen oder föderalistischen „Natur" des Heeres,[7] also vereinfacht Reichsheer - so die Hauptvertreter Friedrich Brockhaus und Albert Haenel - oder Kontingentsheer, so Paul Laband. Auch wenn mangels verfassungsrechtlicher Streitigkeiten die Praxisrelevanz „eigentlich" gering ist, beziehen hierzu natürlich alle staatsrechtlichen Lehrbücher, mehrere Monographien und zahlreiche Dissertationen Stellung. Somit ist insbesondere das Staatsrecht das wissenschaftliche Tummelfeld für die Aufarbeitung der Wehrverfassung des Kaiserreiches und der Rechtsgrundlagen des Heeres. Auch die fundierten zeitgenössischen staatsrechtlichen Werke sehen Staats- und vor allem Wehrverfassung äußerst positiv, wie uneinig sie auch im Detail sind. So wird die Wehrverfassung meist, teilweise fast schwärmerisch - „juristisches Kunstwerk", „ästhetisches Vergnügen" - gelobt[8] und im Vergleich mit den

---

[5] Brockhaus, S. 1.
[6] Auch wenn Laband diese Ansicht seit der ersten Auflage 1880 vertritt, wird hier die letzte, 5. Auflage, Tübingen 1914, zu Grunde gelegt.
[7] Übersicht über die Literatur Stand 1914 Laband, S. 5-9, FN 2; s.u. 93-96.
[8] Typisch und oft zitiert Laband, S. 12; Mueller, S. 82.

vorangegangenen Wehrverfassungen wird deren „einheitlicher Charakter" hervorgehoben. Die Probleme mit Braunschweig sind erst nachträglich in der Literatur aufgearbeitet worden (Karl Lange 1934) und die „großzügige" Auslegung der Rechtsgrundlagen durch Preußen hat augenscheinlich vor allem in Württemberg zu Kritik geführt - hierfür stellvertretend verarbeitet Edmund Miller, wobei allerdings der Autor generell Vorbehalte gegen das preußische Militär hat; Baden war demgegenüber sehr preußen-freundlich und das Bayrische Heer weitgehend selbständig.

Die Literatur nach 1918 ist wesentlich kritischer:[9] Die Fachdiskussion hierüber bricht verständlicherweise mit der Niederlage 1918 und dem Verschwinden von Kaiser und Fürsten fast ab. Dabei ist natürlich die „Reichswehr", also die „Verreichlichung" des Heeres in der Weimarer Republik, die Antwort von Politik und öffentlicher Meinung auf die Wehrverfassung des Kaiserreiches, deren Mängel im Weltkrieg offensichtlich geworden waren. Eine kleine Renaissance erlebte die Diskussion noch einmal nach 1933: Stolz auf die Unitarisierung von Reich und Wehrmacht sahen politische Propaganda und wissenschaftlicher Mainstream das mit dem Kaiserreich Erreichte wieder nur als Stückwerk und unvollständig an (hier verwertet Otto Raesch und Hansjürgen Vorwerk) und betonen deshalb den (nur) Kontingentscharakter des Heeres der Kaiserzeit.[10]

Nach über 1 ½ Jahrhunderten und fünf Verfassungen hat sich die politische Relevanz und damit Aktualität und Emotionalität in dieser Frage deutlich reduziert. Wesentlich objektiver und differenzierter ausgeleuchtet werden die Leistungen der Reichsgründer, aber auch die verbliebenen Probleme in neueren militärhistorischen Werken, hier vor allem gestützt auf Siegfried Fiedler und Manfred Messerschmidt. Dabei wird auch in der neueren historischen Literatur und den politischen Wertungen das Heer von Norddeutschem Bund und Kaiserreich ohne vertiefte Problematisierung und Begründung sowohl als

---

[9] Übersicht über den neueren Forschungsstand zu Militär und Politik von 1850-1890 Pröve, S. 65-70.
[10] Raesch, S. 8f; Vorwerk, insbes. S. 24 m.w.N.

„Kontingentsheer" wie auch als „Reichsheer" bezeichnet.[11] Diese Frage ist also weiterhin offen und bedarf der Aufarbeitung, wenn wir die Wehrpolitik im Kaiserreich verstehen wollen, zumal die Wehrverfassung hier nicht nur die historischen Strömungen und Interessen fixiert, sondern mehr als üblich selbst gestaltet hat. Dabei sind in den zitierten Werken die Militärkonventionen, auch die vor 1866 geschlossenen, durchaus erwähnt. Aber abgesehen von Georg Hoffmanns Monografie über die Konventionen der „ersten Welle" nach 1848 fehlt bisher eine Untersuchung, die die Konventionen nach 1866 als Hauptgegenstand hat. Dies wird im Folgenden unternommen, wobei sich deren Rolle für die Entstehung des „Deutschen Heeres" nur voll erschließt, wenn sie historisch und rechtlich in den Kontext der langfristigen Entwicklung vom Kontingentsheer des Deutschen Bundes zum Reichsheer der Weimarer Republik gestellt werden.

---

[11] Neugebauer, S. 396 (Kontingentsheer) und andererseits Fenske, S. 17 (Reichsheer).

2. „Zwei Hahne taugen nicht auf einem Mist" – „echtes" Kontingentsheer des Deutschen Bundes

Aus den Wirren der Französischen Revolution und der Napoleonischen Kriege ging als „Nachfolger" des Alten Reiches der Deutsche Bund 1815 - 1866 hervor mit 38, später 41 souveränen Einzelstaaten, darunter vier freien Städten (die drei Hansestädte und Frankfurt) und im Übrigen Monarchien, darunter auch die Könige von Dänemark (wegen Holstein) und der Niederlande (wegen Luxemburg) und indirekt auch der König von Großbritannien und Irland bis 1837 (über die Personalunion mit Hannover). Dies heterogene Gebilde ist das typische Modell eines Staatenbundes.[12] Die Rechtsgrundlagen des Bundes sind die „Deutsche Bundesakte"[13] und die „Wiener Schlussakte"[14]. Sein wichtigstes Organ ist die „Bundesversammlung", in der alle Mitglieder vertreten sind; Österreich hat den Vorsitz, Art. 5 Bundesakte; ihr Sitz ist Frankfurt. Sie tagt in zwei Formen mit weisungsgebundenen Vertretern aller Länderregierungen: Im Regelfall als (erst in der Schlussakte so genannter) „engerer Rath" mit 17 Stimmen - die größeren Staaten haben je eine Stimme, die kleineren werden zu zwei bis vier in „Kuratorien" mit je einer Stimme zusammengefasst, Art. 4 - oder in Grundsatzangelegenheiten als Plenum - hier haben die kleinen Staaten je eine Stimme, die anderen je nach Größe zwei bis drei und die Königreiche sowie Österreich vier, Art. 6.

Der Bund konnte allerdings als eigenes Völkerrechtssubjekt auftreten, z.B. völkerrechtliche Verträge schließen und Bundeskriege erklären, und beanspruchte die Zuständigkeit für die gemeinsame Verteidigung. Insoweit waren die Rechte der Einzelstaaten beschränkt.[15] Trotz eini-

---

[12] (nicht voll überzeugende) Verfassungs- und Organisationsschemata Busch, S. 257 und Ploetz, S. 928.
[13] Deutsche Bundesakte vom 8.6.1815; abgedruckt bei Sautter, Verfassungen, S. 1-10; sofern nichts Anderes vermerkt ist, sind alle Verfassungstexte zitiert nach Sautter, Verfassungen.
[14] Schluss-Akte über Ausbildung und Befestigung des deutschen Bundes zu Wien gehaltenen Ministerial-Conferenzen vom 15. Mai 1820, abgedruckt bei Sautter, Verfassungen, S. 34-47.
[15] Mit Ausnahme der Großmächte für ihre Territorien außerhalb des Bundes; Wienhöfer, S. 14ff.

ger Privilegien Österreichs - Präsidium - und der faktischen Dominanz Österreichs und Preußens ging der Deutsche Bund von der grundsätzlichen Gleichberechtigung und Souveränität aller seiner Mitglieder aus, wofür auch deren Militärhoheit möglichst wenig eingeschränkt sein sollte. Der Bund „huldigte dem Götzen der Souveränität"[16] - weitergehende Integrationsmodelle hatten keine Chance auf Realisierung. Das Bundesheer konnte folglich nur ein Kontingentsheer sein, bei dem die Landesherren die alleinige Militärgewalt für ihr Kontingent, also Kommandogewalt und Verwaltung, innehatten;[17] d.h. ein Krieg hätte nur mit einem aus den Kontingenten einzelner Staaten bestehenden Heer geführt werden können. Motiv hierfür war natürlich die in der deutschen Geschichte tief verwurzelte föderalistische Tradition. Wenn auch seit dem Niedergang des alten Reiches und der napoleonischen Ära zur anachronistischen Kleinstaaterei degeneriert, ist doch das Festhalten an dem Souveränitätssymbol Militär in der Fürsten-, Landtags- und Staatsbürgermentalität ein gewichtiger politischer Faktor. Darüber hinaus gab es auch das in den Befreiungskriegen gewachsene Argument, dass der territoriale Nationalismus im Kriegsfall größere Motivation und Identifikation bewirke.[18]

Die Rechtsgrundlagen des Bundes enthalten keine Wehrverfassung, bringen aber als wesentlichen Zweck die Verteidigung zum Ausdruck: „Erhaltung der äußeren und inneren Sicherheit Deutschlands", Art. 2, und „ganz Deutschland als jeden einzelnen Bundesstaat gegen jeden Angriff in Schutz zu nehmen", Art. 11 Bundesakte. Angriffskriege des Bundes und eigene Kriege der Staaten waren grundsätzlich unzulässig.[19] Doch war den „Vätern" des Bundes klar, dass der Bund auch für die Verteidigung ein eigenes Wehrsystem und damit eine Wehrverfassung haben musste,[20] so dass auch die „organische Einrichtung

---

[16] G. Hoffmann, S. 12.
[17] Unstreitig, z.B. Ettmayer, S. 702; Haenel, S. 483; Jaenisch, S. 42; Wienhöfer, S. 105f.
[18] Petter, S. 241; Schmidt-Richberg, S. 53; zu Vorteilen der regionalen Integration Busch, S. 256 und generell Jaeger, S. 38f.
[19] Ausnahmen für Staaten mit Landesteilen außerhalb des Bundes (Preußen, Österreich) und die nichtdeutschen Staaten (Dänemark, Niederlande), Busch, S. 256.
[20] Laband S. 3; zu den dabei zu klärenden Fragen, Interessen und den gefundenen Kompromissen Seier, S. 403-407.

... in Rücksicht auf seine ... militärischen ... Verhältnisse ..." zum „ersten Geschäft" der Bundesversammlung gezählt wird, Art. 10 Bundesakte.

Dementsprechend kam es (erst) 1821 zu den Grundzügen[21] einer „Kriegsverfassung des Deutschen Bundes in ihren allgemeinen Umrissen und Bestimmungen" und im Folgejahr zu „Nähere Bestimmungen über die Kriegsverfassung des Deutschen Bundes".[22]

Danach hatte jeder Staat ein Kontingent zu unterhalten, das aus dem aktiven Hauptkontingent, 1% der Bevölkerung (ab 1851 1 1/6%), einem Reservekontingent, 1/3%, und im Kriegsfall einem Ersatzkontingent, 1/6%, bestand. 1/7, später 1/8, sollte Kavallerie sein und für je 1 000 Soldaten waren 2 ½ Geschütze vorzuhalten. Bei den Soldaten wurde eine Dienstzeit von 2 ½ Jahren zugrunde gelegt, wobei sie ½ Jahr Ausbildung haben mussten, ehe sie auf das Kontingent angerechnet werden konnten. Allgemeine Wehrpflicht, wenn auch sehr selektiv, bestand dabei nur in Preußen; in den anderen Staaten galt Konskription mit zahlreichen Ausnahmen, z.B. „Einstehern" oder in den Stadtstaaten gar ein Söldnersystem.[23] Darüber hinaus wurden großzügige Beurlaubungsregelungen akzeptiert: So erreichte in den Zwanzigerjahren das bayrische Kontingent bei einer Sollstärke von 54 000 nur 15 000 Mann.[24]

Dabei handelte es sich um „echte" Kontingente im Sinne der üblichen Definition und bezeichnete (nur) den Anteil, den die Staaten dem Bund zu stellen hatten. Es stand ihnen frei, über das Bundeskontingent hinaus weitere eigene Truppen zu unterhalten;[25] wovon besonders Preußen Gebrauch machte. Die Finanzierung erfolgte durch die Festlegung einer „Matrikel" für jedes Land durch die Bundesversammlung, wonach entsprechende „Matrikularbeiträge" an den Bund zu leisten waren. Für die Militärgesetzgebung, Wehrform, Ausrüstung,

---

[21] Vom 9.4.1821.
[22] 11.7.1822, teilweise abgedruckt Busch, S. 262; Gümbel S. 7; Wienhöfer, S. 40; zur Wehrorganisation des Deutschen Bundes generell Ettmayer, S. 699-702; Fiedler, S. 63-65, Petter, S. 234-243; Seier, S. 417; zur Stärke der Kontingente und finanziellen Lasten Busch, S. 245, 265f, Petter, S. 238f; Riese, S. 20.
[23] Busch, S. 242.
[24] Fuchs, S. 67.
[25] Ettmayer, S. 702; Seier, S. 418.

Uniformen, Ausbildung, Offiziersernennung, innere Struktur, Verfahrensregelungen und Verwaltung ihres Kontingentes waren die Einzelstaaten verantwortlich; auch die Vereidigung erfolgte auf den Landesfürsten bzw. den Senat.[26]

Natürlich waren die typischen Schwächen von Koalitionskrieg und Kontingentssystem den Verantwortlichen klar. Es waren deshalb auch theoretische Zentralisierungselemente vorhanden: So wurde eine zentrale Gliederung mit einheitlicher Nummerierung vorgesehen.[27] Hierfür stellte Österreich drei Korps[28] (I. bis III.), Preußen drei Korps (IV. bis VI.) und Bayern ein Korps (VII.); je ein weiteres Korps, zusammengesetzt aus mehreren Landeskontingenten, stellten die übrigen süddeutschen (VIII.), die mitteldeutschen (IX.) und die (größeren) norddeutschen Staaten (X.). Dabei hatten die Verbände allerdings unterschiedliche Stärken und waren aus ungleichen Kontingenten zusammengesetzt.[29] Die 18 Zwergstaaten waren, da ihr Kampfwert als minimal angesehen wurde, aus dieser Gliederung ausgenommen; erst nach 1830 hatten sie zusammen eine Reservedivision, 13 Infanteriebataillone ohne Unterstützungswaffen, zu stellen, die (nur) zur Verstärkung der Bundesfestungen vorgesehen war.[30] Auch war bei den kleineren Kontingenten naturgemäß die plangemäße Ausstattung mit Kavallerie und den Unterstützungs-Waffengattungen ein Problem: Nicht nur, dass sie Schwierigkeiten hatten, ihren Anteil an diesen „teuren" Truppen zu erbringen; die Lehren aus den Napoleonischen Kriegen forderten auch die Möglichkeit einer Schwerpunktbildung, was mit Teilerlassen sowie komplizierten Zuteilungs- und Finanzierungsschlüsseln zu lösen versucht wurde.[31] Nur im Kriegsfalle waren größere Umorganisationsbefugnisse des Oberkommandos vorgesehen. Wie das „Bundesheer" bei den gemischten Verbänden aussah, ist leicht vorstellbar - selbst Bataillone waren aus unterschiedlich bewaffneten, ausgerüsteten und ausgebildeten Teilen zusammen-

---

[26] Ettmayer, S. 701; Messerschmidt, S. 140.
[27] Die augenscheinlich an den „Reichskreisen" des alten Reiches anknüpfte, Seier, S. 402.
[28] Gliederungsbild eines typischen Bundeskorps Busch, S. 261.
[29] Ettmayer, S. 701; Petter, S. 238f.
[30] Petter, S. 243; Seier, S. 421.
[31] Busch, S. 266; Fiedler, S. 65; Petter, S. 239f, 245; Seier, 421, 425f, 435.

gesetzt[32] - und es gelang nie, einheitliche Gewehre oder zumindest Munition einzuführen.[33] Die Mängel zeigten sich nicht nur im Schleswig-Holsteinischen Krieg 1848, dem einzigen Krieg, den der Deutsche Bund geführt hat,[34] sondern vor allem 1866 bei dem gemischten VIII. Korps auf dem süddeutschen Kriegsschauplatz.

Durch detaillierte Vorgaben und Vorschriften wurde eine gewisse Vereinheitlichung angestrebt. 1841, nach der Rheinkrise, setzte Preußen einige kleine Verbesserungen, darunter eine vorsichtige Inspektion, durch[35] und (erst) seit 1855 kam es zu Standardisierungen in der Ausbildung, wobei die größeren Staaten den Offizieren der kleineren den Zugang zu ihren Militärbildungseinrichtungen gestatteten.[36]

Entsprechend dem politischen Grundsatz der Gleichberechtigung und der „Ideologie" des Bundes durften die Staaten, die eigene Armeekorps stellten, nicht Kontingente anderer Staaten integrieren.[37] Diese Beschränkung sollte nicht nur die militärische Souveränität der Kleinstaaten garantieren, sondern war natürlich auch als „Bremse" für die Großmächte gedacht, ihre militärische Macht über die „Checks and Balances" der Bundesverfassung hinaus zu vergrößern.[38] Praktisch betraf dies insbesondere Preußen, das gleichermaßen für die umgebenden Kleinstaaten anziehend wirkte und andererseits Druck auf sie ausübte.

Erst im Mobilmachungsfall, Art. IV, sollte die „Bundesversammlung"[39] einen „Bundesfeldherrn" bestellen, dem dann in der Tat, unter der Aufsicht von Militärausschuss und Bundesversammlung, be-

---

[32] Burhenne, S. 7; kritisch und satirisch Wilhelm von Plennies, Leberecht vom Knopf, zitiert nach Busch, S. 253.
[33] Wienhöfer, S. 49f.
[34] Zeitweilig zusammen mit der „Provisorischen Zentralgewalt" (Paulskirche).
[35] Gümbel, S. 12.
[36] Ettmayer, S. 702; Petter, S. 246.
[37] Art. V, VI, VIII und XVIII Bundeskriegsverfassung; Burhenne, S. 6; Fiedler, S. 65; Petter, S. 241, Seier, S. 417; Wienhöfer, S. 40f.
[38] Busch, S. 274; Ettmayer, S. 701; Wienhöfer, S. 40f, 47, 60 und als „Kontrast" die systematische preußische Konventionenpolitik, s.u. S. 28ff. und 47ff.
[39] Nicht das nur ausnahmsweise tagende „Plenum", vgl. Art. IV und Art. VI der Bundesakte.

achtliche Befugnisse zugestanden hätten.[40] Hierzu kam es, trotz einiger Versuche in Notzeiten, nie, zumal Österreich und Preußen nicht bereit waren, ihre Truppen der anderen Großmacht zu unterstellen und die Mittelstaaten sich nicht von den Großmächten majorisieren lassen wollten. Diese enorme Schwäche für Planung, Koordination, Führung und Kontrolle wurde im Frieden nur notdürftig wahrgenommen durch den Militärausschuss, ein Diplomatengremium, und die Militärkommission: Sechs hohe Militärs, österreichischer Vorsitz, ein Preuße, ein Bayer und die anderen von den Kontingentsstaaten der gemischten Korps im Jahresturnus wechselnd.[41] Immerhin nahm die Kommission positiven Einfluss auf das Eisenbahnwesen.[42]

Deutlich effektiver als das Feldheer und vor allem ein echtes Bundes-Element war das Festungswesen mit den Bundesfestungen Mainz, Luxemburg, Landau, 1815 zu Bundesfestungen erklärt und 1820 vom Bund übernommen; 1841 bzw. 1842 kamen noch Ulm und Rastatt hinzu.[43] Hier hatten Österreich und Preußen im Alleingang mit der Konvention vom 10. August 1817 für den zunächst widerstrebenden Bund den Weg bereitet.[44] Für die Festungen waren 15% des gesamten Bundesheeres vorgesehen.[45] Die Festungen unterstanden unmittelbar dem Bund: Der Bund trug die Kosten; die Besatzungen und die Bewaffnung waren in der vorgesehenen Friedensstärke vorhanden und wurden aus Verbänden der Länder-Kontingente gebildet, die im Frieden auch Besoldung, Bekleidung und Verpflegung zu stellen hatten. Für jede Festung, meist unter Berücksichtigung der Standort-Länder, galt ein eigener Verteilungsschlüssel.[46] Die Gouverneure und Kommandanten waren von Einzelstaaten zu stellen, wobei sie mit der Ernennung vom Dienst ihres Landesherrn in den des Bundes traten und

---

[40] Busch, S. 260, 262; Wienhöfer, S. 60-62.
[41] Ettmayer, S. 701; Fiedler, S. 66; Petter, S. 246; Seier, S. 409, 428.
[42] Busch, S. 172.
[43] Gümbel, S. 8f; Petter, S. 249-251; Wienhöfer, S. 65-67.
[44] Seier, S. 411f.
[45] Petter, S. 248; Seier, S. 428.
[46] Für Mainz Österreich, Preußen und Hessen-Darmstadt; für Luxemburg ¾ Preußen, ¼ Niederlande; für Landau nur Bayern, im Mobilmachungsfall auch 1/3 Baden; für Rastatt Baden, Preußen und Österreich; Ulm Württemberg, Bayern und Österreich; Petter, S. 252; Seier S. 428-432; Wienhöfer, S. 65-67.

dementsprechend auf die Formel vereidigt wurden, ihr „Amt allein im Interesse des Bundes und dessen Verteidigung" auszuüben.[47] Sofern die Besatzungen aus unterschiedlichen Kontingenten bestanden, galt für Gouverneure, Kommandanten und die übrigen hohen Funktionsträger („Genie- und Artilleriedirektoren") ein detailliert vereinbarter Proporz, i.d.R. Österreicher und Preußen mit (wenigen) Vertretern der Länder des jeweiligen Standorts.[48]
Die Geographie der Festungen lässt die strategische Intention einer Barriere gegen Frankreich und damit die generelle verteidigunspolitische Stoßrichtung des Bundes erkennen. Auch wenn sie nur unzureichend mit den Festungen der Einzelstaaten, den Eisenbahnlinien und den Versorgungsmöglichkeiten koordiniert und militärisch damit nur von begrenztem Wert waren, waren sie doch verfassungsrechtlich ein zentralistisches Element und damit von erheblicher politischer und rechtlicher Bedeutung und Vorbild für die weitere Entwicklung.[49]

Ein kurioses Drama war die Marine. Außer Österreich verfügte kein deutsches Land über Kriegsschiffe. (Die Kriegsflotten der Niederlande, Dänemarks oder gar bis 1837 auch Großbritanniens, deren Könige indirekt dem Deutschen Bund angehörten, dürfen natürlich nicht dem Bund zugerechnet werden, was aber bei Schwärmern durchaus geschehen konnte.) Eine echte Bundesflotte kam nie zustande; zaghafte Ansätze scheiterten mehrfach, besonders peinlich die Auflösung der (ehemaligen) „Reichsflotte" 1852.[50]

Trotz einiger Reformversuche[51] war der Deutsche Bund, zusätzlich erschüttert durch die revolutionären Umbrüche 1848 - 50, auch im Militärwesen nicht imstande, zu einer zentraleren und effektiveren militärischen Organisation zu kommen. Insbesondere scheiterten

---

[47] Sonderregelung für Landau: Aufsichtsrecht und Vereidigung auf den Bund entfallen, dafür trägt Bayern allein die Unterhaltskosten, Gümbel, S. 9.
[48] Im einzelnen Fiedler, S. 6.
[49] Busch, S. 274, 278; Fiedler, S. 6.
[50] Z.B. 1817, 1852 und 1861; Gümbel, S. 9f; Petter, S. 230; zur Reichsflotte 1848-50 s.u. S. 24.
[51] Speziell der Wehrverfassung 1830, 1841, 1853/55, 1859/60, 1861, 1863; Gümbel, S. 12f; Wienhöfer, S. 48f.

Modelle des „Dritten Deutschland", Trias-Idee der Mittelstaaten, mit eigenem bayrischem Teil-Oberbefehl über Süddeutschland[52] ebenso wie ein preußischer Oberbefehl für Norddeutschland oder sogar auch für die süddeutschen Staaten[53] (Modell für 1870!).[54] Dabei versuchten es Österreich und Preußen als Folge der außenpolitischen Bedrohung an Po und Rhein 1830, 1840, 1848 und 1859 sowie bei den Reformversuchen seit 1860 immer wieder, aber trotz zeitweiliger Annäherung letztlich vergeblich. Selbst 1866 haben die bundestreuen Staaten keinen einheitlichen Oberbefehl zustande gebracht.[55] Allenfalls im Festungswesen könnte deshalb für den Deutschen Bund von einem „teilintegrierten Kontingentsheer"[56] gesprochen werden.

Generell widersetzten sich Österreich und der Bund energisch allen Machtverschiebungen. Nach Revolution und Verfassungsstreit 1849 und dem gescheiterten Versuch der Erfurter Fürstenunion musste sich Preußen wiederum mit der Restitution der Machtverhältnisse des alten Bundes durch die Olmützer Punktation 1850 einverstanden erklären.[57]

Immerhin war der Deutsche Bund eine Friedensordnung für Europas Mitte, die ein halbes Jahrhundert ausländische Mächte abgeschreckt, den Frieden zwischen den deutschen Staaten gesichert und in vielen Bereichen zu einer Koordination geführt hatte. Allerdings hatte sich das Staatenbund-Paradigma gleichberechtigter Partner und seine Wehrverfassung außen- und innenpolitisch überlebt. Der Deutsche Bund funktionierte nur, wenn sich Österreich und Preußen einig waren. Dies gelang zwar noch einmal, regional und auf die Großmächte begrenzt, 1864 für den Dänischen Krieg. Der Dualismus war aber unüberbrückbar: das schwächelnde Österreich und die Mittelstaaten

---

[52] Ettmayer, S. 705.
[53] Seier, S. 439; Wienhöfer, S. 45.
[54] Einigung gelang nur bei den Dänischen Kriegen 1848 und 1864 für Teilkontingente: Österreich akzeptierte preußischen Oberbefehl, aber Bedingungen für die Ranghöhe und die Person des Feldherrn (General Friedrich von Wrangel, später Prinz Friedrich Carl); Busch, S. 300; Messerschmidt S. 16, 28; generell Clark, S. 584f.
[55] Petter, S. 256.
[56] So aber Seier generell, S. 449.
[57] Clark, S. 568-572; Ploetz, S. 937, 984; Schulze, S. 333f.

waren nicht bereit, die wachsende Dynamik Preußens durch Reformen in den Deutschen Bund zu integrieren, sondern wollten es als institutionalisierten Juniorpartner klein halten. Dies führte zu den bekannten Dauerspannungen mit zunehmenden preußischen Ambitionen, Wirtschaft (Zollverein) und vor allem das Militär der norddeutschen Staaten unter seine Kontrolle zu bringen. So setzte schließlich Bismarck in sicherer Einschätzung der Situation auf die kleindeutsche Lösung unter Preußens Führung.

Doch wirkten viele Elemente der Wehrverfassung des Bundes in der Politik und Verfassungsdiskussion des 19. Jahrhunderts fort. Letztlich hat nur der Dualismus der beiden Hegemonialmächte zum Immobilismus geführt. So ist die Wehrverfassung des Bundes zumindest theoretisch und generell ein bemerkenswertes Modell für einen losen Bundesstaat, das die Empfindlichkeiten der beteiligten Länder weitgehend wahrt, aber (begrenzte) militärische Präsenz und defensive Handlungsfähigkeit durchaus ermöglicht.

3. Subsidiäre Reichsarmee – die Wehrverfassung der Paulskirche 1849

Als Ergebnis der 48er Revolution hat die Paulskirchen-Verfassung[58] mit Vernunft und Akribie versucht, „Lösungen" und Kompromisse zur Austarierung der gestaltenden Ideen der Zeit - Zentralgewalt vs. Einzelstaaten, Monarchie vs. Demokratie, großdeutsch vs. kleindeutsch - zu finden. Obwohl nie richtig in Kraft getreten, hat sie große Wirkung auf die Verfassungsentwicklung der zweiten Hälfte des 19. Jahrhunderts gehabt und als Vorbild für mehrere andere Reformvorschläge und Verfassungen gewirkt.

Dies gilt auch für die Wehrverfassung. Obwohl die „Volksbewaffnung" Bestandteil der März-Forderungen war, wurden alternative Modelle einer Bürgermiliz[59] zwar erörtert, aber alsbald fallengelassen: Derartige Modelle schienen nach militärischer Effizienz und politischer Zuverlässigkeit problematisch und die militärische Leistungsfähigkeit sollte Vorrang vor der demokratischen „Ideologie" haben.[60] Andererseits war auch ein zentralistisches Modell bei der Bedeutung des eigenen Heeres für die Länder, insbesondere Preußen und Österreich, nicht durchzusetzen. Die Wehrverfassung konnte damit nur an die Wehrverfassung des Deutschen Bundes anknüpfen und wieder nur ein Kontingentsheer schaffen, versuchte aber von deren Schwächen so viel wie möglich zu beseitigen.[61]

So enthält die Verfassung selbst wesentliche Regelungen der Wehrverfassung, insbesondere Abschnitt II, Art. II (§§ 11ff) und Art. XII (Notstand, Polizeibefugnisse). Die Matrikel für die Heeresstärke wird auf 2% der Bevölkerung festgesetzt, also verdoppelt – ein auch historisch und international sehr hoher Wert (Kaiserreich und Bundesrepublik hätten danach je rund 1,3 Millionen Soldaten haben müssen!).

---

[58] Verfassung des Deutschen Reiches vom 28.3.1849, abgedruckt Sautter, Verfassungen, S. 48-77; in diesem Kapitel Angaben der Artikel und Paragraphen ohne Nennung der Verfassung; Schema der Verfassung bei Busch, S. 257 und Ploetz, S. 935.

[59] „Vorbilder" Schweiz und preußische Landwehr; Ansätze auch in Bayern, Sachsen, den Stadtstaaten u.a.m., Busch, S. 242-244, Pröve S. 64.

[60] Busch, S. 238-244; Petter, S. 256-259.

[61] Burhenne, S. 8f; Petter, S. 257-259.

Wie auch im Verhältnis zu den anderen Staatsorganen ist auch hier die zentrale Komponente, die „Reichsgewalt", Abschnitt II (§§ 6ff) dominant,[62] die ihrerseits stark auf den Kaiser fokussiert ist, §§ 73, 75ff: So steht der Reichsgewalt nicht nur „die gesammte bewaffnete Macht ... zur Verfügung", § 11, über die „der Kaiser ... die Verfügung" hat, § 83; sie hat darüber hinaus die Gesetzgebung, das Organisationsrecht und die Kontrollpflicht über das gesamte Heerwesen, § 13 Abs. 1. Dies soll bekräftigt und umgesetzt werden durch ein Reichsgesetz „über eine allgemeine für ganz Deutschland gleiche Wehrverfassung", § 16, wozu es allerdings nicht mehr gekommen ist. Die Verpflichtung zur Treue gegenüber Kaiser und Verfassung(!) „ist an erster Stelle" in den Fahneneid aufzunehmen, § 14. Der „Reichsgewalt" steht auch die Befugnis zu, Festungen anzulegen und zu unterhalten, § 18. Der Kaiser übt seine „Gewalt" durch „Minister" aus, § 73. Auch ohne ausdrückliche Nennung in der Verfassung wird deshalb ein Reichs-Kriegsminister ernannt - bei noch als habsburgisch angenommenem Kaiser zur Austarierung des Dualismus - rechtlich nicht zwingend - ein preußischer (Generalmajor Eduard von Peucker),[63] der allerdings zur Bedingung machte, dass die Selbständigkeit der Preußischen Armee nicht angetastet werden dürfe, und auch sonst preußenfreundlich agierte.

Spätestens durch den Krieg mit Dänemark um Schleswig-Holstein war auch die Bedeutung der Marine klargeworden. Die Verfassung sieht deshalb eine „Seemacht" vor, die „ausschließlich Sache des Reiches" ist, § 19. Und der Verfassung folgten Taten - kurzfristig entstand die erste deutsche Kriegsflotte.[64] Als Obergriff für Heer und Marine wird erstmals der Begriff „Deutsche Wehrmacht" verwendet, § 19 Abs. 2.

---

[62] Burhenne, S. 8.
[63] Messerschmidt, S. 18f; Petter, S. 258.
[64] Beschluss der Nationalversammlung vom 14.6.1848, klägliche Auflösung 1852: Jörg Duppler, Germania auf dem Meere, Hamburg 1998, S. 43-53; Giese, S. 12-19; Walter Hubatsch, Die erste deutsche Flotte von 1848-1852 in verfassungsmäßiger Beziehung, in: Die erste deutsche Flotte, Führer des Deutschen Schifffahrtsmuseums Nr. 10, Bremerhaven 1979, S. 7-17; Herbert Kraus, Die Deutsche Bundesflotte von 1848 in: Busch, S. 280-284.

Das Reich hat die Militärhoheit[65] und bereits im Frieden besteht der kaiserliche Oberbefehl, der entsprechende Inspektions- und Kontrollrechte einschließt, auch wenn das nicht mehr im Detail geregelt wurde. Neben und innerhalb dieser Reichskompetenz hält die Verfassung aber am Kontingentsmodell des Deutschen Bundes insoweit fest, als sie den (größeren) Staaten nicht nur ihre Kontingente beläßt, sondern das „Reichsheer" als aus deren Gesamtheit bestehend definiert, § 12 Abs. 1. Dabei steht „den einzelnen Staaten ... die Ausbildung ihres Kriegswesens ... zu. Sie haben die Verfügung über ihre bewaffnete Macht, soweit dieselbe nicht für den Dienst des Reiches in Anspruch genommen wird", § 13 Abs. 2. Den Einzelstaaten „ bleibt auch die Ernennung der Befehlshaber und Offiziere ihrer Truppen ... überlassen", § 17 Abs. 1. Für die aus Truppen mehrerer Staaten zusammengesetzten Verbände ernennt die Reichsgewalt die Befehlshaber, § 17 Abs. 2; ebenso (nur) „für den Krieg" die kommandierenden Generale der selbständigen Korps und das Personal der Hauptquartiere, § 17 Abs. 3.

Als weitere deutliche Verbesserung gegenüber dem Deutschen Bund wird endlich das Problem der Mini-Kontingente angepackt: Die Kontingente der Kleinstaaten - unter 500 000 Einwohner bzw. einer Kontingentsstärke von 6 000 Mann - sind entweder zu „einem größeren militärischen Ganzen ... unter der unmittelbaren Leitung der Reichsgewalt" zu vereinigen oder „einem angrenzenden größeren Staat anzuschließen", § 12 Abs. 2, allerdings ohne einen Partnerstaat zu nennen. In beiden Fällen sollen die näheren Bedingungen „durch Vereinbarung der beteiligten Staaten unter Vermittlung und Genehmigung der Reichsgewalt" festgelegt werden, § 12 Abs. 3. Hierdurch wird den Kleinstaaten, durch die Last der 2%-Matrikel ohnehin unter Druck, das Kontingentsrecht und die Wehrhoheit genommen. Dabei bedeutet die erste Alternative eine eigene Reichskomponente, ein praktisch zwar zersplittertes, aber immerhin doch eine Art subsidiäres Reichsheer, das neben den wohl meist viel größeren Kontingenten der Großmächte und Mittelstaaten stünde. Die zweite Alternative ist das bekannte Modell des Anschlusses einer Kleinstaatenarmee an das

---

[65] Burhenne, S. 9f; Gau S. 9.

Heer einer größeren Macht. § 12 ist damit nicht nur inzidenter eine Konstitutionaldefinition für Militärkonventionen, vielmehr sind diese jetzt nach dem Verbot im Deutschen Bund zu einem Verfassungsauftrag geworden!

Während es zur Bildung von Reichskontingenten nicht (mehr) gekommen ist, war für das preußische Ziel, durch Inkorporierung der Streitkräfte der kleineren zumindest norddeutschen Staaten seine Militärmacht zu stärken und seine hegemoniale Stellung auszubauen, der Weg vorübergehend frei. So kam es schon vom April 1849 bis Januar 1850 zum Abschluss von fünf Militärkonventionen und weiteren Verhandlungen mit norddeutschen Kleinstaaten. Mit der Restitution des Deutschen Bundes nach Olmütz wurden diese allerdings wieder unzulässig und mussten nach 1850 weitgehend aufgegeben werden.[66]

Damit ist die „Reichsgewalt", auch gegenüber den Großmächten, beträchtlich gestärkt: Es waren jetzt Oberbefehl, Inspektionsrecht, Militärverwaltung des Reiches und subsidiär eigene Reichstruppen vorgesehen. Dabei blieben aber die Landeskontingente mit eigener Militärverwaltung (Kriegsministerium) bestehen, womit in der Wehrverfassung der Kontingentscharakter dominiert: Von der Verfassung werden den Kontingenten keine Vorgaben zu Organisation, Bewaffnung, Ausrüstung und Ausbildung gemacht, wobei allerdings das „Gesetz über die Wehrverfassung", § 12 Abs.1, hierzu - „Beschaffenheit" - einiges regeln sollte. Die Finanzierung des Heeres obliegt als Umkehrschluss aus § 15 den Ländern auf Grund von Vorgaben des Reiches.

Die Wehrverfassung der Paulskirche war also auf dem Weg zur Vereinheitlichung des Heeres ein wesentlicher Fortschritt. In der großdeutschen Version hätte allerdings trotz kaiserlichen Oberbefehls der Dualismus nur notdürftig überwunden werden können: Für das österreichische Kontingent wäre es wegen der Personalunion zu einer Anlehnung an die „Reichsgewalt" gekommen, aber Preußen hätte niemals auf die Souveränität über sein Heer verzichtet und damit weiterhin über ein gleich großes und weitgehend selbständig gebliebenes Kontingent verfügt. In der kleindeutschen Version war natürlich die

---

[66] S.u. S. 30ff.

preußische Dominanz vorgezeichnet. Bei stärkerer und klarer getrennter Reichsgewalt[67] und einem Reichskriegsministerium[68] einerseits und mehr Rechten für die Bundesstaaten andererseits wäre aber in beiden Fällen die Hegemonie der Führungsmacht nicht so ausgeprägt gewesen wie dann im Norddeutschen Bund und im Kaiserreich.

---

[67] Durch die, verglichen mit der RV71, stärkere Trennung des Kaisers von seiner Landesfürstenstellung schwebte allerdings „die Reichsgewalt in der Luft", Schulze, S. 431.

[68] Zu den Problemen bei Fehlen eines Reichskriegsministeriums s.u. S. 83ff, 87f, 100ff.

4. Hegemonialbestrebungen und Konventionspolitik Preußens vor 1866

„Wenn die deutschen Regimenter in den Ländern, die sich zu uns halten wollen, auf preußischem Fuß werden organisiert sein und wenn Euer Königliche Majestät durch den Telegraphen diese Regimenter werden marschieren lassen können wie preußische, dann lässt sich weiter sprechen. Alles andere ist Kommödie."[69] Mit diesen Worten definiert der damalige Ministerpräsident Friedrich Wilhelm Graf von Brandenburg 1849 die Konventionsstrategie, die sich wie ein roter Faden durch die preußische Politik im 19. Jahrhundert zieht.
Diese begann 1806. Während Napoleon durch den Rheinbund den Untergang des ersten Deutschen Reiches besiegelte, entstanden die Grundzüge einer Politik und einer Wehrverfassung, die eine Pilotfunktion für die deutsche Geschichte im 19. Jahrhundert hatten. Preußen wollte das Machtvakuum durch einen unter seiner Führung stehenden norddeutschen „Reichsbund"[70] füllen. Die Souveränität und Militärhoheit der kleineren Staaten sollte zwar bestehen bleiben, diese sollten aber ihre Streitkräfte an größere Nachbarstaaten anschließen. Hierzu sollten die „Kreise" Preußen, Sachsen und Hessen unter dem Befehl des jeweiligen „Kreisvorstandes" gebildet werden. Diese drei Verbände sollten der einheitlichen Militärgesetzgebung eines „Bundeskongresses" unterstehen und im Kriege unter den Oberbefehl des Preußischen Königs treten. In den Wirren der Napoleonischen Kriege war dies zwar nicht zu realisieren, ließ aber die Tendenz einer „großpreußische Lösung" erkennen, d.h. für formal selbständige Staaten unter Führung Preußens ein weitgehend einheitliches und schlagkräftiges Heer zu bilden.[71] Dabei ist auch bereits die Mainlinie als Abgrenzung von Nord- und Süddeutschland und der Interessensphären von Preußen und Österreich vorgesehen, wobei

---

[69] Ministerpräsident General Friedrich Wilhelm von Brandenburg an König Friedrich Wilhelm IV am 24.1.1849 zitiert Raesch, S. 1 m.w.N.; Messerschmidt, S. 18.
[70] Gümbel, S. 5; G. Hoffmann, S. 6-8.
[71] Messerschmidt, S. 19.

die Kontingente der kleineren Staaten in der jeweiligen Sphäre an ihre Vormacht angeschlossen werden sollten.[72]

Preußen versuchte, diese Grundzüge - aufgestockt auf sieben Kreise, später „Kriegsbezirke", ein Direktorium aus Österreich und Preußen als Oberbefehl und Verlust des Kontingentsrechts bei weniger als 100 000 Einwohnern - als Wehrverfassung in den Deutschen Bund einzubringen.[73] Dies ging jedoch den anderen Staaten zu weit und musste scheitern, implementierte aber diese Grundgedanken in die Politik des 19. Jahrhunderts.

Durch die Zuordnung der Rheinprovinzen vom Wiener Kongress fast gegen seinen Willen in die Rolle einer Großmacht und „der Wacht am Rhein" gedrängt[74] und an zahlreiche Kleinstaaten grenzend, war Preußen gleichsam „automatisch" Vormacht in Norddeutschland. Sein Territorium blieb aber zersplittert und die wichtigen Rheinprovinzen waren abgetrennt. „So wie Preußen jetzt ist, kann es nicht bestehen bleiben. Es hat nur zu wählen zwischen dem eigenen Untergang und dem seiner Nachbarn."[75] Dem wurde notdürftig zunächst mit „Etappenkonventionen" begegnet, die die militärischen Durchmarschrechte zu den Rheinprovinzen gewährten.[76] Es bestand aber weiter die Notwendigkeit, die Verbindung zum Rheinland rechtlich, politisch und militärisch abzusichern und ein logisches Interesse, die „störenden" Territorien „dazwischen" irgendwie unter die eigene politische Kontrolle zu bringen.

Auch wirtschaftlich entwickelte sich Preußen dynamischer, nicht zuletzt durch die Industrialisierung im Ruhrgebiet, und war auch politisch agiler und stärker an Fortschritt und Reformen interessiert. Dies galt besonders für das Militärwesen. Zwar wurden die Reformen von 1813/1814 teilweise wieder rückgängig gemacht (Selbständigkeit der Landwehr) und bei niedrigen Wehretats die Einberufungsquote auf 25% reduziert. Preußen war sich aber in der Mittellage zwischen Russland und Frankreich, das immer wieder Appetit auf deutsches Gebiet am Rhein erkennen ließ, der Bedeutung eines kriegstüchtigen

---

[72] Wartensteiner Vertrag vom 26.4.1807, Gümbel, S.6.
[73] Hardenbergscher Entwurf, Gümbel, S. 6.
[74] Clark, S. 448-451.
[75] Der württembergische Minister Witzingerode, zitiert nach G. Hoffmann, S. 12.
[76] G. Hoffmann, S. 12, 18; 1834 mit Hannover und Hessen.

Heeres stärker bewusst als die andern deutschen Staaten. Nachdem alle seine Initiativen zur Reform des Deutschen Bundes abgeblockt wurden,[77] führten seine zunehmenden Ambitionen, die Wirtschaft und vor allem das Militär der norddeutschen Staaten unter seine Kontrolle zu bringen oder gar ein kleindeutsches Reich zu schaffen, zu den bekannten Dauerspannungen mit Österreich und den Mittelstaaten. Unabhängig davon und trotz der Olmützer Niederlage 1851 hielt Preußen an diesen Zielen fest. Nicht zuletzt sah es in dem 1834 geschlossenen Zollverein[78] ein Paradigma, wie letztlich die Klein- und Mittelstaaten für ein von Preußen dominiertes Gebilde, das tendenziell schon das kleindeutsche Kaiserreich andeutet, gewonnen werden konnten. Dieser Handelszusammenschluss hatte allerdings nicht die Festigkeit der Militärkonventionen - Mitglieder des Zollvereins waren 1866 Kriegsgegner Preußens.

Der zweite, ungleich gewichtigere „Ast", in dem sich das preußische Hegemonialstreben manifestierte, war das Bemühen um die Vereinheitlichung des Militärwesens unter preußischer Führung. Das Instrument hierfür waren Militärkonventionen mit den norddeutschen Staaten. Im wörtlichen Sinn bedeutet „Konvention" eine Vereinbarung über militärische Gegenstände ganz allgemein.[79] In der deutschen Politik im 19. Jahrhundert wird aber „Konvention" zum Synonym für das Modell, das Heereskontingent eines kleineren Staates in die Armee einer Großmacht zu integrieren. Vom Deutschen Bund verboten, von der Paulskirchenverfassung verlangt,[80] wurde dies ausschließlich mit Preußen realisiert. Abgesehen von der preußischen Strategie erschien auch den meisten Kleinstaaten auf Grund der militärischen Vorbildfunktion Preußens und der geografischen Lage - ohnehin waren sie meist dessen Nachbarn oder gar Enklaven - die Anlehnung an Preußen als die bessere Lösung oder zumindest das kleinere Übel gegenüber dem Reichsmodell, zu der es im Übrigen nie gekommen ist, oder einem Anschluss an den unruhigen und anti-

---

[77] Busch, S. 234; Hallbrock, S. 1.
[78] Clark, S.449-455.
[79] Tepelmann, S. 1.
[80] S.o. S. 18, 25f.

quierten habsburgischen Vielvölkerstaat.[81] Das Konventionen-Modell wurde so zu einer preußischen Spezialität und zu einem zentralen Bestandteil der preußischen Politik. Die Konventionen folgen einem einheitlichen Schema: Die Armee des Abgabe-Staates wird Bestandteil der Preußischen Armee, die Kosten sind von dem abgebenden Staat zu tragen und an Preußen zu überweisen; dem abgebenden Staat werden als „Gegenleistung" Zusagen zu Dislozierung (Landeskinder im Heimatland, keine oder wenig fremde Truppen im Land), Zugeständnisse bei Nummerierung und Bezeichnung, Uniformabzeichen u.ä. gemacht und seinem Fürsten „Ehrenrechte" belassen.[82] Die Personalführung und Ausbildung der Offiziere wird in mehreren Fällen abgetrennt und in einer zweiten Urkunde vereinbart. Der Abschluss einer Konvention bedeutet natürlich politisch, dass Preußens Militärmacht und damit auch seine politische Macht gestärkt wird, der kontrahierende Staat aber seine eigene Militärmacht aufgibt und damit faktisch zum preußischen Satellitenstaat wird. Die Konventionen sind also Ausdruck und Kernelement nicht nur der preußischen Militärpolitik, sondern generell seines Hegemonialstrebens.

Durch die erwähnte Bestimmung der Paulskirchen-Verfassung und den Entwurf des Wehrgesetzes - 2% Regelung - standen die Kleinstaaten massiv unter Druck, ihre Wehrhoheit aufzugeben.[83] Natürlich gab es bei diesen starken Widerstand gegen das in der Luft liegende Verbot ihrer Kontingente.[84] Dem weinenden Auge des Verlustes der Wehrhoheit stand allerdings auch das lachende Auge gegenüber, sich von der lästigen und aufwändigen Aufgabe, ein den Standards entsprechendes Heer zu unterhalten, durch Geldzahlungen befreien zu können.[85] Auch konnte zumeist eine Ausstiegsklausel vereinbart werden,[86] die Aufgabe der Militärhoheit war also rechtlich nicht endgültig. Es kam deshalb - nach Freigabe durch die Paulskirchen-

---

[81] Militärausschuss Coburg-Gotha, S. 9-11, Präambel des Entwurfs der Hauptkonvention, Anhang 2 (S. 43).
[82] Katalog der typischen Regelungen bei Messerschmidt, S. 20.
[83] Messerschmidt, S. 18; s.o. S. 25.
[84] Gau, S. 9.
[85] Militärausschuss Coburg-Gotha, S. 15-17, 39f, darin Kosten (Ersparnis) berechnet S. 21; Tepelmann, S. 41; wobei jeweils ein wesentlicher Vorteil in der Mitnutzung der preußischen Militäreinrichtungen gesehen wird.
[86] Messerschmidt, S. 20.

Versammlung - vom April 1849 bis Januar 1850 zum Abschluss von 5 Militärkonventionen Preußens - mit Mecklenburg-Strelitz, Anhalt-Bernburg, Mecklenburg-Schwerin, Anhalt-Dessau-Köthen und Braunschweig. Mit sechs weiteren Staaten waren Verhandlungen im Gang: Hamburg, Schaumburg-Lippe, Waldeck, Schwarzburg-Sondershausen, Sachsen-Coburg-Gotha und Baden.[87]

Durch die Restitution des Bundes mit der „Olmützer Punktation" wurden Konventionen, auch die bestehenden, staatsrechtlich fragwürdig, da die Kriegsverfassung des Bundes wieder in Kraft war: Während Österreich deshalb auf dem Standpunkt stand, die Konventionen seien unzulässig, weil die militärische Souveränität der kleinen Partner aufgehoben sei, erklärte Preußen diese für mit der Bundesverfassung vereinbar, weil deren Kontingente rechtlich weiterbestünden und nicht mit der Preußischen Armee vereinigt seien.[88] Neben Österreich war der tatkräftigste Gegner der preußischen Konventionspolitik das Königreich Hannover, das selbst - erfolglos - versuchte, Hegemon in einem Konventionen-Netzwerk norddeutscher Kleinstaaten zu werden.[89] Auch einige Fürsten, die Konventionen für ihre Staaten nur unter dem Druck der Wehrverfassung von 1849 zugestimmt hatten, waren froh, sich wieder hiervon lösen zu können, versuchten aber, die Vorteile (Militärreform) zu erhalten. Dadurch blieben die genannten sechs weiteren Fälle im Verhandlungsstadium stecken.[90] Für die fünf bereits abgeschlossenen Konventionen wurde das restituierte Verbot trotz österreichischen Druckes aber nur „weich" umgesetzt - nur nach und nach, bis 1857 - wurden die Konventionen aufgehoben (Dessau, beide Mecklenburg, Braunschweig) oder bundeskonform abgemildert (nur subsidiär zur Bundesverpflichtung, Anhalt-Bernburg).[91] Ab Anfang der 60er Jahre, als Preußen nach dem Wechsel des Monarchen auf König Wilhelm und 1862 auf Ministerpräsident Bismarck wieder an Selbstbewusstsein gewonnen hatte, konnten

---

[87] Ausführliche Darstellung aller Verhandlungen und Abschlüsse G. Hoffmann, S. 41-103; Messerschmidt, S. 19.
[88] G. Hoffmann, S. 109f.
[89] G. Hoffmann, S. 103-107; Lange, S. 28.
[90] G. Hoffmann, S. 93-103; Messerschmidt, S. 19f.
[91] G. Hoffmann, S. 115f; Messerschmidt, S. 25f.

sogar neue Konventionen abgeschlossen werden (Coburg-Gotha 1861, Waldeck und Sachsen-Altenburg jeweils 1862, Anhalt 1864).[92]
Parallel lief in den 50er-und 60er Jahren eine „militärische Revolution" ab: gezogene Rohre, Hinterlader, Stahl statt Bronze, Dampf- und Panzerschiffe; aber auch industrielle Massenproduktion, Nutzung von Eisenbahnen und Telegraphen. Hierbei spielte Preußen in Europa eine Führungsrolle.[93] Auch unter diesem Aspekt wurde den Kleinstaaten zunehmend klar, dass eine Zentralisierung des Militärs aus Effektivitätsgründen unvermeidlich war. Schließlich wurde Preußen auch wegen seiner durch die Heeresreform (Verfassungskonflikt) nochmals leistungsgesteigerten neuen Militärorganisation zum Vorbild.[94] So wurden die Konventionen Wegbereiter für den Anschluss zumindest der norddeutschen Staaten an Preußen als Hegemonialmacht.

Der nächste historische Markstein für die Vereinheitlichung des Heeres ging letztlich im Sturm des Bruderkrieges von 1866 unter, von vielen nur als ein Propagandamanöver für Politik und Geschichtsbücher gesehen, tatsächlich aber der letzte Rettungsversuch für den Deutschen Bund und den Frieden: Mit seinem Reformvorschlag vom April/Juni präsentierte Preußen den Bundesstaaten die „Grundsätze einer neuen Bundesverfassung".[95] Diese enthielten zur allgemeinen Verblüffung die Forderung nach einem gesamtdeutschen demokratischen Parlament mit dem Wahlrecht der Paulskirchen-Verfassung(!) - nach Bismarcks Motto: „Soll Revolution sein, wollen wir sie lieber selber machen als erleiden".[96] In Art. 9, „Heeresverfassung", sollte endlich schon in Friedenszeiten ein Oberbefehl etabliert werden, allerdings nach dem Vorbild von 1840 und 1859 und in Fortsetzung der laufenden Reformdiskussion im Bund gespalten: nördlich der Mainlinie preußisch, südlich der Mainlinie bayrisch. Österreich sollte (nur noch) einen eigenen Truppenverband bilden und dieser im

---

[92] Fiedler, S. 13; Lange, S. 17; Messerschmidt, S. 205; Neugebauer, S. 397; Tepelmann, S. 2.
[93] Epgenhans, S. 336-355; Pröve, S. 66; Walter, S. 167; auch wenn der amerikanische Bürgerkrieg hier vorangeschritten war.
[94] Militärausschuss Coburg-Gotha, S. 1-4, 8, 10f.
[95] Antrag vom 9.4., „Circulardepesche" vom 10. und Antrag vom 14.6.1866.
[96] Zitiert nach Epkenhans, S. 330.

Kriegsfall hinzutreten. Mit dem Oberbefehl waren zwar erhebliche Befugnisse gegenüber den anderen Staaten verbunden; auch waren die Heereskosten von den Staaten an den Bund zu erbringen. Innerhalb des jeweiligen Oberbefehls sollten aber die Kontingente aller Staaten mit grundsätzlicher Selbständigkeit und mit wesentlichen Befugnissen der Landesherren erhalten bleiben.[97] Dies blieb zwar hinter der Vereinheitlichungsabsicht der Paulskirchen-Verfassung zurück. Es war aber insofern ein weiterführendes Modell, als es die Schwäche des Bundes insbesondere auf militärischem Gebiet wesentlich reformiert, insbesondere zu einer weiteren Angleichung geführt, aber die traditionelle militärische Souveränität der Länder weitgehend gewahrt hätte. Dies wäre damit ein echtes „integriertes föderatives Kontingentsheer",[98] ein Zwischending zwischen dem Kontingentsheer des Deutschen Bundes und dem „einheitlichen Heer" des norddeutschen Bundes/Deutschen Reiches gewesen. Dies Modell hätte zwar den preußischen Einfluss durch Oberbefehl und Angleichung nach preußischem Muster in Norddeutschland (und Bayerns in Süddeutschland) auf Kosten Österreichs wesentlich gestärkt, seine Annahme hätte aber nicht nur den Kriegsanlass beseitigt, sondern auch den Status der Landesherren und ihre Kleinkontingente stärker erhalten und geschützt als die Paulskirchen-Verfassung und erst recht die Verfassung des Norddeutschen Bundes von 1867, in die allerdings zahlreiche Grundgedanken dieses Modells mündeten.[99]

Der Vorschlag lässt zweifellos wieder die preußische Doppelstrategie erkennen: Auch wenn damit der verfassungsmäßige (1849) und politische Druck auf Aufhebung der Kleinkontingente offiziell nicht weiterverfolgt wurde, hatte Preußen trotz des diese formal erhaltenden Vorschlages das Ziel keineswegs aufgegeben, die kleinen Kontingente zu vereinnahmen und die verbleibenden möglichst gleichzuschalten - es verlegte sich nur darauf, dies nicht durch die - dann föderalistischer zu haltende - Verfassung selbst, sondern verglichen mit der Reichsverfassung von 1849 subtiler, psychologischer und schonender (nur noch) durch staatsrechtliche Verträge, also „Militärkonventionen", zu

---

[97] Gümbel, S. 14.
[98] Ettmayer, S. 698, 706; Begriff Fiedler, S. 60, allerdings - nicht korrekt - schon für die Wehrverfassung des Deutschen Bundes gebraucht.
[99] Laband, S. 4f; Raesch, S. 36f.

erreichen.[100] Mit diesem Instrument konnte auf die „individuellen" Spezifika und Wünsche besser eingegangen werden; vor allem sollte die Mentalität der Landesfürsten mehr geschont werden, da das Ergebnis formal von ihrer Zustimmung abhängig war und die Verhandlungen so doch irgendwie auf „Augenhöhe" erfolgten.

---

[100] Gau, S. 9f; Raesch, S. 6f; Seier, S. 449.

5. Wehrverfassung im Norddeutschen Bund – ein Hund mit Flöhen[101]

Durch seine langfristige Strategie, die zielgerichtete Politik, die effektivere Staats- und Finanzorganisation, die Heeresreform, unübertreffliche militärische Planung, souveräne Führung und technische Überlegenheit (Zündnadelgewehr[102]) war der preußische Sieg im Deutschen Krieg vorhersehbar. Mit den Verträgen von Preßburg und Prag 1866 war Preußen von allen Rücksichten auf Österreich und die deutschen Mittelstaaten frei. So konnte es nicht nur den Kriegsanlass Schleswig-Holstein, sondern auch vier weitere (Feind)Staaten, das Königreich Hannover, Kurhessen, Nassau und Frankfurt gleich mit annektieren. Damit wurde ein zusammenhängendes, homogenes Territorium von der Memel bis zum Rhein erreicht. Die Streitkräfte der annektierten Staaten gingen ohne Sonderstatus in der Preußischen Armee auf.

Darüber hinaus konnte Preußen sich endlich auch staatsrechtlich als Hegemonialmacht für ganz Norddeutschland etablieren. Dies geschah durch die Schaffung des lange angestrebten Norddeutschen Bundes.[103] Dadurch durften die Klein- und Kleinststaaten, zumeist unmittelbare Nachbarn Preußens oder Enklaven, fortbestehen. Da sie im Deutschen Krieg mit Preußen verbündet waren, verbot sich ihre Annexion moralisch;[104] auch fühlte sich Preußen durch seine „Grundsätze" vom Juni 1866 partiell gebunden und schließlich sollte im Hinblick auf die süddeutschen Staaten und das Ausland der Eindruck einer Annexionspolitik vermieden werden. Preußen hatte nun 25 Millionen Einwohner, die anderen 21 Staaten des Norddeutschen Bundes zusammen 5 Millionen, so dass Vergleiche wie Hund mit Flöhen, Löwe und Maus u.ä. en vogue waren und selbst König Wilhelm von

---

[101] Franz von Roggenbach, zitiert nach Funk, S. 204.
[102] Weltweit erster und zu dieser Zeit in Europa noch einziger Hinterlader, wenn auch im amerikanischen Bürgerkrieg Hinterlader und sogar schon Repetierer eingesetzt wurden.
[103] Zur Entstehungsgeschichte Haenel, S. 14-37; Hartung, S. 268-270; Schulze, S. 406-439, 468f.
[104] Schulze, S. 430.

einem „verlängerten Preußen" sprach.[105] Ein Sonderfall war das Königreich Sachsen. Österreichischer Widerstand, russische und französische Protektion und Vorsicht gegenüber den süddeutschen Staaten retteten zwar seine Weiterexistenz als eigener Staat und formal auch seine Armee;[106] als besiegter Kriegsgegner durfte es aber nicht weiter unabhängig außerhalb des Norddeutschen Bundes bestehen.

Neben den allgemeinen verfassungsrechtlichen Fragen und Diskussionen stand Preußen somit vor dem Grundsatzproblem der Formung eines Bundesstaates, der ihm als Hegemon möglichst viel Macht übertrug, den kleinen Partnern aber so viel Rechte beließ, wie politisch, moralisch und rechtlich erforderlich waren, um ihn noch als „Fürstenbund" verkaufen zu können; die Diskussion, war es schon ein Bundesstaat oder noch ein Staatenbund? dauert bis heute an.[107] Ebenso waren die liberalen und demokratischen Strömungen zu integrieren.

Wie in einem Brennglas fokussieren sich die historisch-politischen Mega-Trends im Deutschland des 19. Jahrhunderts in der, teilweise von Bismarck persönlich formulierten,[108] Verfassung des Norddeutschen Bundes vom 26. Juli 1867[109] und der weitgehend identischen Verfassung des Deutschen Reiches von 1871.[110]

---

[105] Clark, S. 624; Funk, S. 204f; Schulze, S. 431.
[106] Fenske, S. 11; Miller, S. 8.
[107] Clark, S. 636; Hartung, S. 274; Loening, S. 13-21, 26, 28, 94f; 117; Neugebauer, S. 383 (Staatenbund) vs. S. 386 (Bundesstaat); Schulze, S. 432: „Unzweifelhaft ein Bundesstaat, zwar nicht in abstrakter Durchführung eines Schulbegriffes, sondern in origineller Erfassung der einmal gegebenen deutschen Staatsverhältnisse."
[108] In den „Putbuser Diktaten"; im endgültigen Entwurf stammten 17 der 64 Artikel von Bismarck, Fenske, S. 12f; Funk, S. 206; differenzierend Hartung, S. 269f.
[109] Gesetzblatt des Norddeutschen Bundes 1867, S. 1-27, abgedruckt in Sautter, Verfassungen, S. 99-119;
Artikel-Nrn. in diesem Abschnitt ohne Benennung der Verfassung; im Übrigen zukünftig abgekürzt VNDB.
[110] Vom 16. April 1871, Bundesgesetzblatt des Deutschen Bundes 1871, S. 63-85, abgedruckt in Sautter, Verfassungen, S. 120-144, zukünftig abgekürzt RV71;
wegen der weitgehenden Identität der Reichsverfassung sind die grundsätzlichen Aspekte chronologisch und systematisch hier richtig beim Norddeutschen Bund erörtert und gemeinsam behandelt, die abweichende Terminologie der RV 71 ist in Klammern gesetzt; zu ihren inhaltlichen Änderungen s.u. S. 70ff; graphisches Schema (RV71) Neugebauer, S. 395 und Plötz, S. 943.

An der Spitze des Staates stehen der Preußische König als „Präsidium" und zugleich Bundesfeldherr (später zu „Kaiser" zusammengeführt); er eröffnet, vertagt und schließt Bundesrat und Reichstag; er ernennt den Bundeskanzler (Reichskanzler) ohne Beteiligung von Bundesrat oder Reichstag; neben dem Bundes(Reichs)kanzler gibt es keine „Regierung" und Reichsminister, nur den „Kanzler" selbst als „Geschäftsstelle" des Bundesrates (erst im Kaiserreich werden „Reichsämter" mit beamteten (weisungsgebunden) Staatssekretären geschaffen); die Gesetzgebung, (theoretisch) einschließlich des Haushaltsgesetzes, erfolgt durch gleichberechtigtes Zusammenwirken von Bundesrat und Reichstag; der Bundesrat ist die Vertretung der Bundesstaaten unter dem Vorsitz des Bundeskanzlers - 22 Länder, davon 19 Fürstentümer und 3 freie Städte mit 43 Stimmen, je nach Größe von 1 Stimme (18 Staaten) über 2 (Mecklenburg-Schwerin und Braunschweig) bzw. 4 (Sachsen) bis 17 (Preußen); der Reichstag wird vom „Volk" (Männer ab 25 J.) gewählt; Verfassungsänderungen erfordern 2/3 Mehrheit, Art. 78, d.h. nur Preußen hat die Veto-Möglichkeit von 14 Stimmen.

Diese Verfassungen sind wahrlich kein nach dem Ideal der Aufklärung und der „reinen" staatsrechtlichen Lehre aus einem Guss am Reisbrett logisch konzipiertes Konstrukt, sondern mehr ein durch die historische Situation, die realen Machtverhältnisse und die Lösung von Dissensen und Einzelproblemen bedingter Kompromiss.[111] So tarierten sie, jedenfalls Stand 1867 bzw. 1871, in bewundernswerter Weise folgende Hauptelemente miteinander aus:

Den traditionellen deutschen Föderalismus durch die offizielle Konstruktion als Fürstenbund;[112] die preußische Hegemonie;[113] zentralisti-

---

[111] „eines der eigentümlichsten und sonderbarsten Gebilde des öffentlichen Rechts", Brockhaus, S. 2.
[112] Verbleibende erhebliche Kompetenzen für Länder und Landesherren; nur "Kanzler" als „Geschäftsstelle" des Bundesrates und keine „Regierung" und Reichsminister.
[113] Vorrechte, Vermengung mit Bundes-(Reichs)Institutionen.

sche Elemente, das Bundes(Reichs)prinzip[114]; das „moderne" Bedürfnis nach ökonomischen Großräumen;[115] (liberalen) Konstitutionalismus;[116] preußisch-absolutistisches Staatsverständnis, besonders bei Präsidium (Kaiser)[117] und Bundesfeldherrn (Kaiser), in dessen militärischer Stellung noch das Leitbild des roi connétable, aus dem Herrschaftsstil Friedrichs des Großen, mitschwingt,[118] und schließlich starke demokratische Elemente mit vom „Volk" (Männer), und zwar in allgemeiner, freier, gleicher, geheimer und „direkter" Mehrheits-Wahl gewähltem Reichstag, also Verzicht auf Zensus, Klassen und Privilegien, Stand 1867/1871 „demokratisch" vorbildlich.[119]

a) löcherige Regel – die Wehrverfassung

Der Kompromiss aus diesen Strömungen und die daraus resultierenden Probleme zeigen sich deutlich in der Wehrverfassung. Hier bleibt das traditionelle Spannungsfeld zwischen dem monarchischen Element und der Parlamentarisierung, anders als bei der Paulskirchen-Verfassung einerseits und der preußischen Verfassung von 1850 andererseits, ungelöst,[120] was bis zum Weltkrieg zu ständigen Friktionen führt. Gegenüber den Bundesstaaten fährt Preußen seine Doppelstrategie: Während die Verfassung den Staaten und Landesherren erhebliche Befugnisse einräumt, setzt es andererseits seine Politik der Militärkonventionen fort, jetzt aber machtgestützt und aus der Position

---

[114] Präsidium und Bundesfeldherr (Kaiser), verschiedene Bundesinstitutionen, z.B. Bundes-Kriegsmarine", Art. 53 Abs. 1; Gümbel, S. 51f, insbes. FN5; Haenel, S. 480f; Laband, S. 3; s.u. S. 40ff, S.90ff.
[115] Zoll-, Währungs-, Wirtschafts- und in Etappen auch Rechtseinheit.
[116] Unterwerfung des Monarchen unter die Verfassung; (Mit)Gesetzgebung und Budgetrecht der parlamentarischen Vertretung, des Reichstages; (grundsätzliches) Gegenzeichnungserfordernis, Art. 17.
[117] Der Reichskanzler wird nur vom Präsidium (Kaiser) ernannt und bedarf keiner Bestätigung durch Bundesrat oder Reichstag.
[118] Beim Militär Befehls- und Kommandogewalt des Bundesfeldherrn ohne Gegenzeichnung, s u. S. 44f; Ritter, Bd. 1, S. 207; Walter, S. 224f.
[119] Art. 20 sowie insbes. §§ 2, 7, 11, 12 Wahlgesetz vom 15.10.1866; „demokratischer" als alle Staaten Europas außer der Schweiz, Neugebauer, S. 383.
[120] Dietz, S. 61.

des Siegers, mit der es über die Bestimmungen der vorgesehen Verfassung hinaus gehen und durch Konventionen die Streitkräfte der anderen Bundesstaaten inkorporieren konnte. Die Bedeutung der Konventionen erschließt sich deshalb erst dann voll, wenn wir sie den Regelungen der Verfassung gegenüberstellen:

aa) das Einheits-(Bundes-, Reichs-)Prinzip

„Optisch" dominiert, insbesondere wenn man die Wehrverfassung des Norddeutschen Bundes mit den Vorgängerverfassungen - Deutscher Bund und Paulskirche - vergleicht, die zentralistische Komponente. Das ist aber nur teilweise ein Bundes(Reichs)Element; vielmehr ist es zum wesentlichen Teil preußische Dominanz. Unmittelbar durch die Verfassung werden zwei Grundsatzentscheidungen getroffen:

In direkter Tradition seit den preußischen Reformen und der Bewährung durch die Siege 1864 und 1866 wurde das preußische Modell der allgemeinen Wehrpflicht ohne Vertretungsmöglichkeit eingeführt, Art. 57, 59, (zunächst) für drei Jahre beim stehenden Heer (Kavallerie und Marine vier Jahre), sowie der Schlüsselsatz der Wehrverfassung definiert: „Die gesamte Landmacht des Bundes (Reiches) wird ein einheitliches Heer bilden" Art. 63 Abs. 1; ergänzend ist eine einheitliche fortlaufende Nummerierung der Verbände vorgesehen, Art. 63 Abs. 2.

Im Weiteren ist zu unterscheiden zwischen den Befugnissen des „Bundes (Reiches)" und denen des „Bundesfeldherrn (Kaisers)". Dabei bedeutet Bund (Reich) i.d.S. im Wesentlichen die Befugnisse bzw. das Zusammenwirken der zentralen Staatsorgane des Bundes (Reiches). Der Bund (das Reich) – durch Bundesrat und Reichstag - hat die ausschließliche Gesetzgebung und Aufsicht für das Militärwesen, Art. 4 Nr. 14. Die Finanzierung des Militärs erfolgt aus dem Bundes(Reichs)Haushalt, Arg. Art. 62 Abs. 1, Abs. 3.

Neben seinen allgemeinen Aufgaben bildet der Bundesrat „aus seiner Mitte dauernde Ausschüsse", offiziell (auch) gedacht, um die Lücke durch das Fehlen der Regierung (wenigstens rudimentär) zu ersetzen.[121] Im „Ausschuß für die auswärtigen Angelegenheiten", Art. 8 Abs. 3, führt Bayern den Vorsitz(!). Einschlägig ist aber vor allem der Bundesratsausschuss „für das Landheer und die Festungen", Art. 8 Nr. 1. Im Gegensatz zu den anderen Bundesratsausschüssen hat er erweiterte Befugnisse. Seine Mitglieder ernennt der Bundesfeldherr (Kaiser), Abs. 2 – sehr merkwürdig für ein Kontrollorgan! Da ein „Kriegsamt" (Reichskriegsministerium) nicht existiert, sollte ihm ein Teil der konzeptionellen Aufgaben zuwachsen, die üblicherweise letzterem oblägen. Ergänzend hat er eine merkwürdige und systematisch schwer einordbare Befugnis: Die „Anordnungen für die Preußische Armee" sind „den Kommandeuren der übrigen Bundeskontingente, durch den ... Ausschuß für das Landheer und die Festungen, zur Nachachtung in geeigneter Weise mitzuteilen", Art. 63, Abs. 5,[122] also weder durch den Bundesfeldherrn (Kaiser) noch durch das Preußische Kriegsministerium, und an die Kommandeure, nicht an die Landesherren! Analog besteht ein „Ausschuß für das Seewesen", Art. 8, Nr. 2, der aber wegen der dort klaren Zuständigkeitsverhältnisse nur eine geringere Bedeutung hat. (Theoretisch sollten diese Ausschüsse Arbeits- und Kontrollinstrumente sein; faktisch ist ihre Bedeutung aber nur gering.)[123]

Auch die Befugnisse des Reichstages sind Bundes(Reichs) Kompetenzen und repräsentieren vor allem das (eingeschränkte) demokratische Prinzip. Trotz fehlender Mitwirkungsmöglichkeit bei Ernennung und Entlassung des Kanzlers hat der Reichstag zu Einflussnahme und Kontrolle einen großen Teil des „Instrumentenkastens" des klassischen Parlamentarismus, z.B. (rechtlich unverbindliche) Misstrauensvoten, Interpellationen, Zitierrecht, Kontrolle der Erledigung von Beschlüssen, Adressen, Deputationen.[124] Gewichtiger ist insbesondere

---

[121] Bismarck: „wird die Stelle solcher Bundesminister nicht ... vom Bundeskanzler versehen, sondern von den Ausschüssen des Bundesrats", 20. RT-Sitzung 16. April 1869, zitiert nach Tepelmann, S. 29.
[122] Theoretisches Grundsatzproblem: Rechtsnatur streitig; nach wohl h.M. eingeschränktes Militärverordnungsrecht des Reiches, Streitstand z.B. Laband, S. 69; Loening, S. 98; Raesch, S. 11f; Tepelmann, S. 24-28.
[123] Wegen der preußischen Dominanz wenig praktische Relevanz, s.u. S. 85ff.
[124] §§ 32 f, 67 f GeschORT; Dietz S. 75.

die neben dem Bundesrat gleichberechtigte Mitwirkung des Reichstages bei der Verabschiedung von Gesetzen, Art. 5 Abs. 1, darunter auch die Wehrgesetze, Art. 4, Nr. 14. Dabei hat der Reichstag auch die Gesetzesinitiative, Art. 23. Da das „Kriegswesen" zunehmend durch Bundes(Reichs)Gesetze ausgestaltet wird, ergibt sich somit ein beträchtlicher Einfluss.

Das Hauptschlachtfeld der widerstreitenden Interessen zwischen Obrigkeitsstaat und Parlament und ein Essential bereits des Konstitutionalismus ist traditionell das Budgetrecht, d.h. das Zustimmungserfordernis der parlamentarischen Vertretung insbesondere zu (neuen) Ausgaben. Jedenfalls seit dem 19. Jahrhundert ist dies so formalisiert, dass ein Staatshaushalt „mit allen Einnahmen und Ausgaben" aufzustellen ist, der in „Gesetzesform", d.h. mit gleichberechtigter Beteiligung, also Zustimmung, der parlamentarischen Vertretung, verabschiedet werden muss, Art. 69.[125] Dies Recht betrifft natürlich nicht nur den Haushalt, also Einnahmen und Ausgaben und die Steuerung der hinter den Titeln stehenden Gegenstände und Sachverhalte i.e.S., sondern ist, gerade im nicht-parlamentarischen System, darüber hinaus ein gewichtiges Instrument zur Kontrolle der Regierung generell und zur politischen Steuerung, und sei es durch „Tauschgeschäfte" bis hin zur politischen Erpressung. Dies muss insbesondere beim Militär, wenn die Krone auf ihrem Primat besteht, zu schweren Konflikten führen, da die Masse des damaligen Budgets Militärausgaben waren.[126] Dies Grundsatzproblem hatte sich im „Preußischen Heeres- und Verfassungsstreit" 1859-1866 dramatisch entladen und zwang beide Seiten zum Kompromiss.[127] Das Ziel von König und Bismarck war das „Äternat". Dadurch sollten die Wehrausgaben automatisch an eine Kopfquote nach der Einwohnerzahl gebunden werden, was die Herausnahme des Wehretats aus dem Budgetrecht bedeutet hätte. Zur Beilegung des Konflikts – „Indemnitätsfrage" – verzichtete die „Krone", wahrlich nicht freiwillig, auf das Äternat. Damit war das Budgetrecht theoretisch auch für das Militär anerkannt und wurde in

---

[125] So auch schon Art. 99 Verfassungs-Urkunde für den Preußischen Staat vom 31.1.1850!
[126] Von 80%(!) um 1860, Epkenhans, S. 323, allerdings allmählich absinkend, z.B. 1874 auf 61%, Schmid, S. 44.
[127] Epkenhans, S. 316-324; Ritter, Bd.1, S. 159-206; Walter, S.467f.

die Verfassung des Norddeutschen Bundes und des Deutschen Reiches übernommen, Art. 62 Abs. 3, 69, so dass nach Verfassung und Haushaltsrecht auch die Militärausgaben dem Zustimmungserfordernis des Reichstages unterworfen waren. Beiderseits wurde aber versucht, das jährliche Wiederkehren der Debatten und Streitereien zu vermeiden und Kompromisse zu finden. Weil die enormen Probleme mit der Bewältigung der Kriegsfolgen und der Umstellung auf das „einheitliche Heer" wohl tatsächlich am besten durch die Exekutive allein zu lösen waren, wurde für den Norddeutschen Bund eine bis 31. Dezember 1871 geltende Pauschalregelung, das „Pauschquantum", Art. 62 Abs. 1, vereinbart.[128] Der Reichstag setzte aber im Gegenzug durch, dass der Wehretat trotzdem nach Titeln aufgeschlüsselt werden musste und so doch Transparenz und Kontrolle gewährleistet waren.[129] Damit war - bis 1871 bzw. ab Inkrafttreten des Wehrgesetzes - der Militärhaushalt zwar aus der Verfassung selbst bestimmt; dies ist aber keine Befreiung vom Budgetrecht, sondern nur die Ausnahme für den Übergang. Danach sollte seine Feststellung nach Art. 69 parlamentarisch erfolgen, was dann erst im Kaiserreich relevant wurde.[130]

Mit Ausnahme der Beteiligung des Bundesrates haben die Länder als Einzelstaaten keine Mitwirkungsbefugnisse am Wehretat, er ist eine reine Reichsangelegenheit.[131]

Weitere Bundes- (Reichs-) Kompetenzen werden durch das monarchische Element verkörpert. Dabei ist staatsrechtlich zu unterscheiden zwischen den Rechten des „Präsidiums" und den Befugnissen des Bundesfeldherrn (in der Reichsverfassung beides Kaiser). Beide sind identisch mit dem König von Preußen. Damit ist oft nur staatsrechtlich zuzuordnen, welches dieser Organe zuständig ist und wann es sich um Reichs- und nicht preußische Kompetenzen handelt, da beides in der Praxis meist nicht scharf unterschieden wird.

---

[128] 225 Taler pro Jahr und Kopf der nach Art. 60 von den Staaten zu stellenden Soldatenzahl; Dietz, S. 71; Loening, S. 7.
[129] Schulze, S. 460-464; Thudichum, S. 500f.
[130] S.u. S. 70f.
[131] Zur faktischen Sonderstellung Preußens s.u. S. 47ff und S. 85ff und den Sonderrechten Bayerns speziell beim Wehrhaushalt S. 79ff.

Das Präsidium hat das Recht, „im Namen des Bundes Krieg zu erklären und Frieden zu schließen", Art. 11, und zwar ohne Mitwirkung von Bundesrat oder Reichstag.[132] Weiter obliegt ihm die „Überwachung und Ausführung" der Bundesgesetze, also auch der Wehrgesetze, Art. 17. Materiell nicht Wehrverfassung, sondern Notstandsrecht ist die Befugnis, im Fall der Bundesexekution bei Gefahr im Verzuge: „militärische Leistungen ... anzuordnen und zu vollziehen", Art. 19, Buchst. a). Schließlich hat es zur Absicherung aller seiner Befugnisse, gleichsam als Schlussstein der Wehrverfassung, ein Veto-Recht gegen alle Veränderungen im Militärwesen, Art. 5 Abs. 2.

Der Bundesfeldherr (Kaiser) hat folgende Rechte und Befugnisse:[133]
Den (uneingeschränkten) Befehl über die gesamte Landmacht des Bundes (Reiches): Das Heer steht „in Krieg und Frieden unter dem Befehle des Bundesfeldherrn (Kaisers)", Art. 63 Abs. 1. Der Verfassungsbegriff „Befehl" ist präziser als der oft verwendete Begriff „Oberbefehl", weil er andere, selbständige Befehle ausschließt,[134] und wird deshalb im Folgenden bevorzugt. Dieser Befehl umfasst die uneingeschränkte Befehls- und Kommandogewalt. Zwar gilt „eigentlich" nach Art. 17 das Gegenzeichnungserfordernis des Bundes-(Reichs)Kanzlers. Dies Gegenzeichnungsrecht gilt nach alter preußischer Tradition für Preußen und das Reich aber für den militärischen Bereich - „eigentlich" contra constitutionem(!) - nicht. Dem Bundes(Reichs)Kanzler sind somit weder Rechte noch Verantwortung für das Heer zugewiesen. Der König (Kaiser) konnte seine uneingeschränkte Befehls- Kommando- und Verordnungsgewalt für alle militärischen Angelegenheiten in Preußen und im Reich bis 1918 durchsetzen.[135]

---

[132] Arg. Art. 11, Abs. 1; Thudichum, S. 253.
[133] Aber Reservatrechte Sachsens, Württembergs und insbesondere Bayerns.
[134] Auch wenn ihn Art. 46 der preuß. Verfassung und Art. 53 Abs. 1 der RV für die Marine - selbst gebrauchen: Auch in echten Kontingentsverfassungen wird von Oberbefehl gesprochen, weil die einzelnen Kontingente unter einem eigenen (Unter)Befehl stehen. In der Verfassung des Norddeutschen Bundes (Kaiserreiches) besteht aber nur ein homogener, ausschließlicher Befehl des Bundesfeldherrn, von dem alle Befehlsstufen „darunter" ihr Befehlsrecht lediglich ableiten, Haenel, S. 487, 500f und Hallbrock, S. 13; kritisch Laband, S. 61 FN4.
[135] Trotz anfänglicher verfassungsrechtlicher Bedenken wurde diese preußische „Tradition" von politischer Praxis und Staatsrechtslehre anerkannt; Dietz, S.65f;

Der Bundesfeldherr hat das Recht und die Pflicht, dafür Sorge zu tragen, dass alle Truppenteile vollzählig, kriegstüchtig, und einheitlich organisiert, bewaffnet und ausgebildet sind, Art. 63 Abs. 3, und, als die Kehrseite, das über das allgemeine Aufsichtsrecht nach Art. 4 hinausgehende Recht zur Inspektion und die Abstellung der festgestellten Mängel, Art. 63 Abs. 3.

Er bestimmt den Präsenzstand, die Gliederung und Einteilung der Kontingente der Bundesarmee und der Landwehr, Art. 63 Abs. 4. Hier besteht allerdings eine „Konkurrenz" zu Bundesrat und Reichstag, die für die Wehrgesetze und den Militärhaushalt zuständig sind.[136]

Er hat das Recht, innerhalb des Bundesgebietes die Garnisonen und damit die Verteilung der Truppen zu bestimmen (Dislokationsrecht), Art. 63 Abs. 4.

Die etwas verklausulierte Formulierung, die „kriegsbereite Aufstellung eines jeden Theils des Bundes-(Reichs)Heeres anzuordnen", Art. 63 Abs. 4, somit auch des ganzen Heeres, ist die Befugnis, eine Teil- oder sogar die Generalmobilmachung anzuordnen, ohne dass der Bundesfeldherr (Kaiser) dazu die Mitwirkung eines anderen Staatsorgans, auch nicht die Gegenzeichnung des Reichskanzlers, braucht![137]

Er hat den mit dem Befehl korrespondierenden Anspruch auf unbedingten Gehorsam aller Bundestruppen. Dazu ist die Verpflichtung, „den Befehlen des Bundesfeldherrn unbedingte Folge zu leisten, ... in den Fahneneid aufzunehmen" Art. 64 Abs. 1.

Der Bundesfeldherr (Kaiser) ernennt die Höchstkommandierenden der Kontingente und alle Offiziere, die Truppen mehr als eines Kontingentes befehligen, und die Festungskommandanten. Die Ernennung der übrigen Generale ist nur mit seiner Zustimmung möglich, Art. 64 Abs. 2. Er hat aber nicht die Zuständigkeit für die Ernennung der anderen Offiziere; allerdings das Recht, Offiziere aus allen Kontingenten in alle Kontingente zu versetzen, und zwar „mit und ohne

---

Hautmann, Wehrverfassung, S. 164 f; Loening, S. 47; Vorwerk, S. 39, insbes. FN 61; Walter, S. 225. Ausführlich und differenzierend als Monographie Marschall, Darstellung der h. M. S. 495-498 m.w.N.; historische Ableitung S. 217-290, 471-475; allerdings selbst anderer Ansicht (verfassungswidrig), insbes. S. 532-535, 590-595; zur Marine(verwaltung) s.u. S. 91f.

[136] S.o. S. 42; s.u. S. 71f.
[137] Brockhaus, S. 75f.

Beförderung", Art. 64 Abs. 3.
Ferner hat er das Recht, Festungen anzulegen, Art. 65. Auch hier gelten allerdings der jeweilige Haushaltsplan und die in diesem Rahmen bestehenden Bedingungen und Auflagen der Gesetzgebungsorgane, vor allem des Reichstages, so dass seine Gestaltungsmöglichkeiten insofern beträchtlich eingeengt sind.

Da nur (noch) Preußen eine eigene Marine hatte, war es politisch und rechtlich wesentlich einfacher, die (preußische) Marine als Bundeseinrichtung zu etablieren.[138] Es war praktisch nur „die preußische Kriegsmarine…dem Bunde zu überweisen, die Kosten…auf den Bundesstaat zu übernehmen, den Oberbefehl dem Könige von Preußen … uneingeschränkt zu lassen …"[139] So wird die preußische Marine zur „Bundes-Kriegsmarine" unter dem „Oberbefehl" des „Königs von Preußen" (eigentlich: Bundesfeldherrn?), der auch Dienstherr aller Offiziere und Beamten und Soldaten der Bundesmarine ist. Es heißt in der Bundesverfassung zur Marine, sie „ist eine einheitliche unter Preußischem Oberbefehl. Die Organisation und Zusammensetzung … liegt Seiner Majestät dem Könige von Preußen ob"; er „ernennt die Offiziere" und nimmt alle Angehörigen „eidlich in die Pflicht", Art. 53 Abs. 1. Das „eigentlich" preußische Marineministerium blieb bis 1871 Marineverwaltung und Albrecht von Roon im Zweitamt zeitweilig Marineminister(!). Der Verfassung ist offensichtlich die Formulierung zur Marine misslungen, insbesondere die Abgrenzung Preußen - Bund. Es würde der Eindruck einer (nur) preußischen Marine entstehen, wenn sie nicht „Bundes-Kriegsmarine" geheißen hätte und „aus der Bundeskasse" finanziert worden wäre, Art. 53, Abs. 3. Die Bundesmarine war also quasi eine vom Bund finanzierte preußische Marine, allerdings verstärkt durch Personal anderer Länder, Art. 53, Abs. 4 und 5. Trotz dieser Konstruktion und Formulierung, die erst 1871 korrigiert wurde,[140] kam es allerdings nicht zu Problemen, weil die andern Länder sich mangels eigener Kriegsmari-

---

[138] Gesetz vom 9.11.1867; zur Entstehungsgeschichte und Alternativen Haenel, S. 480f.
[139] Haenel, S. 481; Laband, S. 3, allerdings mit unpräziser Beschreibung der Verwaltung.
[140] S.u. S. 91f.

ne von der preußischen Dominanz weniger betroffen fühlten als beim Heer.

Schließlich hat der Bundesfeldherr (Kaiser) noch eine gewichtige Notstandsbefugnis. Bei Bedrohung der öffentlichen Sicherheit im Bundesgebiet kann er „jeden Teil desselben in Kriegszustand erklären", Art. 68, also auch das gesamte Bundes(Reichs)gebiet. Ihm obliegt somit auch die oberste Polizeigewalt,[141] die, systematisch wenig überzeugend und politisch problematisch, dem „Kriegswesen" zugeordnet ist.

bb) Preußen als Hegemon

„Der Norddeutsche Bund ist ein Bundesstaat, wo der wesentlichste Theil der Bundesgewalt mit der Staatsgewalt des mächtigsten Einzelstaats organisch verbunden ist."[142] D.h., das dritte vereinheitlichende Element, die übergreifenden Befugnisse Preußens bzw. des Königs von Preußen, ist gerade kein Reichselement. Aus preußischer Sicht war ja der Norddeutsche Bund das Ziel der preußischen Politik und Produkt preußischer Vorherrschaft; folglich dachte Preußen nicht daran seine Vormachtstellung, besonders beim Militär, zugunsten einer anderen Körperschaft, und sei es ein von ihm dominierter Bund (Reich), einzuschränken:[143] „Haupthindernis für ein echtes Reichs- und Kaiserliches Heer war nicht die eifersüchtige Kleinstaaterei, sondern der preußische Nationalismus und Partikularismus".[144] Folglich kommt es bei den Reichsinstitutionen und vor allem beim Militär zu der für Norddeutschen Bund und Kaiserreich typischen Vermengung von preußischen mit Bundes-(Reichs)Institutionen: So steht dem König von Preußen durch Verfassungsautomatik das Präsidium des Bundes, Art. 11 Abs. 1, (im Reich der „Name" Kaiser), und die Funktion des „Bundesfeldherrn" zu: So heißt es noch korrekt in der Verfassung des Norddeutschen Bundes: „unter dem Befehle Seiner Ma-

---

[141] Brockhaus, S. 70-75; Jost, S. 27f.
[142] Schulze, S. 432.
[143] Clark, S. 635f; Gau, S. 69; Haenel, S. 490, Miller, S. 4.
[144] Miller, S. 4.

jestät des Königs von Preußen als Bundesfeldherrn", Art. 63 Abs. 1, bevor dies, vermischend, in der Reichsverfassung durch „Kaiser" ersetzt wird.

Faktisch hat das gesamte Heer die preußischen Uniformen zu übernehmen. Zwar wird diese harte Aussage vermieden, doch die Formulierung in Art. 63 Abs. 2, „sind die Grundfarben und der Schnitt der Königlich Preußischen Armee maßgebend", lässt kaum Spielraum und stellt so die Einheitlichkeit der äußeren Erscheinung des Heeres her.[145]

Auch ist im „ganzen Bundesgebiete die gesammte Preußische Militairgesetzgebung ungesäumt einzuführen", Art. 61 Abs. 1, und zwar nicht nur die Gesetze, sondern alle hierzu ergangenen Regelungen und amtlichen Erläuterungen (außer der Militär-Kirchenordnung); ausdrücklich genannt sind das Militär-Strafgesetzbuch und die Militärstrafgerichtsordnung und die Verordnung über die Ehrengerichte, die von 1845 bzw. 1843 stammten und schon damals als veraltet galten.

Fairerweise muss eingeräumt werden, dass dies nicht nur preußische Hegemonialpolitik, sondern auch ein dem Vereinheitlichungsziel und der politischen Eile geschuldeter Pragmatismus ist: Fit machen nach dem Motto: der nächste Krieg kommt bestimmt, nimmt logischerweise den stärksten Partner mit der effektivsten Heeresorganisation als „Benchmark".[146] Auch soll nach Abschluss dieser Umorganisation ein „umfassendes Bundes-Militairgesetz verabschiedet werden", Art. 61 Abs. 2, wodurch in Verbindung mit Art. 2, Satz 1, Bundesrecht bricht Landesrecht, der Rutschbahneffekt zu einer Verreichlichung vorgezeichnet ist, auch wenn dies, nun „Reichsmilitärgesetz", dann (erst) 1874 verabschiedet wurde.[147] Allerdings gilt dies wiederum nicht für die sonstigen und ergänzenden Bestimmungen unter der Schwelle des Gesetzes: Mangels Reichskriegsamt (Reichsministerium) bleibt dies - mit Ausnahme Sachsens - in preußischen Händen oder besser in denen des Preußischen Kriegsministers, wovon noch die Rede sein

---

[145] Gau, S. 22; zu Braunschweig s.u. S.64f, Württemberg 77, 89f, 104f und Bayern 79, 89f, 104f.
[146] Laband, S. 13; Thudichum, S. 374; insbesondere Arg. Napoleon III, explizit Titel der Monographie und S. 83.
[147] Reichsmilitärgesetz vom 2. 5.1874, RGBl. S. 45 zukünftig abgekürzt RMilG.

wird.¹⁴⁸ Preußen ist also mit dem Reich untrennbar vermengt und dominiert es in fast jeder Hinsicht. Damit ist seine Stellung im und gegenüber dem Reich deutlich stärker als die des Hegemons (Österreich bzw. Preußen) in der Paulskirchen-Verfassung.

cc) das Kontingentsprinzip/landesherrliche Befugnisse

Vor 1867 waren die Fürsten bzw. Senate Herren souveräner Staaten und Inhaber der Wehrhoheit ihrer Landestruppen. Diese waren „echte" Kontingente.¹⁴⁹ Nach der Gründung des Norddeutschen Bundes standen ihnen dann nur noch die Befugnisse zu, die ihnen die Verfassung belassen hatte, insbesondere hatten sie keinerlei Befehlsgewalt mehr, Arg. ex contrario Art. 63 Abs. 1 und § 5 Reichsmilitärgesetz, wonach diese ausdrücklich den Kommandierenden Generalen zugeordnet wird.¹⁵⁰ Diese gewaltige „Degradierung" sollte ihnen erträglich gemacht werden, indem ihnen formal ihr Status als Kontingentsherr und vor allem „Ehrenrechte" belassen werden. Die Verfassung erwähnt (deshalb) in zahlreichen Formulierungen den Begriff „Kontingente" und Befugnisse der „Kontingentsherren".¹⁵¹ Diese sind nicht etwa systematisch und auch nicht durch Auslegung systematisierbar, der Katalog ist aber bedeutsam für die Frage: Reichsheer oder Kontingentsheer?

Bei zwei Problemkreisen ist die Zugehörigkeit zu Bundesfeldherr/Bund (Kaiser/Reich) oder Kontingentsherr sehr umstritten und letztlich ungeklärt, was wieder die Offenheit der Reichsverfassung zeigt:

Wem gegenüber besteht die Wehrpflicht? Die „Reichsposition"¹⁵² schließt aus Art. 57, „jeder (Nord)Deutsche ist wehrpflichtig", der Verteilung der Wehrpflichtigen auf Korps- und nicht auf Kontingentsebene, der Freizügigkeit, den Wehrdienst in anderen Kontingenten und bei der Bundes(Reichs)Marine abzuleisten, auf eine Pflicht

---

¹⁴⁸ S.u. S. 86ff.
¹⁴⁹ Definition s.o. S. 15f.
¹⁵⁰ Nach § 5 Reichsmilitärgesetz vom 2.5.1874, RGBl. S. 45.
¹⁵¹ „Erinnerungen an die frühere Souveränität", Mende, S. 44; Gau, S. 16; Jaenisch, S. 41; Tepelmann, S. 34f.
¹⁵² Z.B. Brockhaus, 111-117; Haenel, S. 508; Halbrock, S. 15-21.

gegenüber dem Reich. Alle diese Argumente sind jedoch durchaus widerlegbar und die Kontingentsrichtung[153] kann sich auf Art. 3 Abs. 5 „Erfüllung der Militärpflicht im Verhältnis zu dem Heimatlande" berufen.

Ähnlich umstritten ist, wem der Fahneneid zu leisten ist. Ist er Teil des Befehls, dann wäre der Bundesfeldherr primär berechtigt, wäre er Teil der Verwaltung, dann der Landesherr.[154] Die „Verfassungsväter" haben das Problem, dass Gehorsam ohne Kollision nur gegenüber einem Herrn möglich ist, gesehen und zu umschiffen versucht: Die etwas umständliche Formulierung, die Verpflichtung, „den Befehlen des Bundesfeldherrn (Kaisers) unbedingte Folge zu leisten, ... ist in den Fahneneid aufzunehmen" (Art. 64 Abs.1), lässt auch hier wieder die Kontingentsherkunft erkennen: Die Verfassung geht davon aus, dass die traditionelle Eidesformel, auf den Landesherren, weiterverwendet und die verfassungsmäßige Gehorsamspflicht gegenüber dem Bundesfeldherrn (Kaiser) hierein (nur) „eingebaut" wird. Im Eid ist dem Landesherren zwar nicht (mehr) Gehorsam, aber Treue und Unterstützung zu geloben. Es bleibt also eine landesherrliche Komponente. Auch die in anderen Kontingenten dienenden Landeskinder werden auf ihren Landesherren vereidigt; sie werden aber belehrt, dass dieser Eid die Verpflichtung einschließt, auch dem Landesherren ihres Kontingents treu zu dienen, seinen Nutzen zu fördern usw.[155] Die Vereidigung erfolgt auf die jeweilige Person des Bundesfeldherrn (Kaisers) und Landesherren, nicht auf die Funktionsinhaber und nicht auf die Verfassung,[156] eine Nachfolge im Amt erfordert also eine Neuvereidigung.

Bei den verfassungsmäßigen Befugnissen der Landesherren wird in der Regel unterschieden zwischen materiellen Rechten - Entscheidungs- Anordnungs- oder Verordnungsbefugnis - und (bloßen) Ehrenrechten sowie persönlichen - nur für ihr Kontingent - und territorialen Rechten - gegenüber allen, also auch fremden, Truppen in ih-

---

[153] Insbes. Laband, S. 7, 59f; Burhenne, S. 19-22; Gümbel, S. 18-20, 37.
[154] Z.B. Laband S. 74f vs. Brockhaus, S. 109-122; Jaenisch, S.51f, jeweils m.w.N.
[155] Hein, S. 78.
[156] Streitthema in den Verfassungswirren der 48er Revolution.

rem Land.[157] Doch ist die folgende Aufzählung nur theoretisch und fiktiv (deshalb im Konjunktiv formuliert), da die wichtigen materiellen kontingentsherrlichen Rechte durch die Konventionen regelmäßig auf Preußen übertragen wurden und nur für Braunschweig bis 1886 sowie - mit vertraglichen Sonderrechten - für Sachsen und später für Württemberg und Bayern praktisch geworden sind. Diese Rechte wären:
Die Verwaltung für ihr Kontingent. Es könnte also für jedes Land ein Kriegsministerium mit eigenen Befugnissen geben. Dies wäre eine (oberste) Landesbehörde, die aber nach Bundes(Reichs)Gesetzen und fiskalisch mit Wirkung für das Reich zu handeln hätte.
Bedeutsam wäre weiterhin die Ernennung der Offiziere,[158] „soweit nicht Konventionen ein Anderes bestimmen", Art. 66 Abs. 1. Sehr streitig ist, ob diese nach dem Besoldungsprinzip - aus dem Bundes(Reichs)Haushalt – Bundes(Reichs)Reichsbeamte oder nach dem Ernennungsprinzip Landesbeamte sind.[159]
Es bestehen jedoch Beschränkungen für die hohen Ränge: Höchstkommandierende der Kontingente und die Festungskommandanten ernennt der Bundesfeldherr (Kaiser) und die Ernennung der übrigen Generale bedarf seiner Zustimmung, Art. 64 Abs. 2.
Tatsächlich verblieben, da sie in den Konventionen bestätigt oder belassen sind, den Landesherren „die Bestimmung der äußeren Abzeichen", Art. 63 Abs. 2, also Kokarden, Koppelschlösser, Helmdekorationen, Schärpen, Epauletten, Portepees u.ä.[160] Dies scheint zwar nur eine durch die Verfassung künstlich aufgewertete Petitesse, wahrt aber die Tradition und lässt das jeweilige Landeskontingent erkennund unterscheidbar und ist deshalb von starker symbolischer Bedeutung. Ferner sind verblieben die „Justizgewalt", d.h. die Militärgerichtsbarkeit im Namen des Kontingentsherrn,[161] die allerdings nur nach den einschlägigen Reichsgesetzen und im Auftrag des Bundesfeldherrn (Kaisers) ausgeübt werden kann. Selbständiger ist das Be-

---

[157] Brockhaus, S. 95f; Jaenisch, S. 44-48 bzw. 48-51; Gau, S. 73ff; Haenel, S. 503; Mueller, S. 74; Laband, S. 60f.
[158] Brockhaus, S. 123; Jaenisch, S. 44; zur Ernennung gehören auch Beförderung, Versetzung und Entlassung.
[159] Für Reichsbeamte z.B. Gümbel, S. 25; für Landesbeamte z.B. Laband, S. 63.
[160] Brockhaus, S. 108f, Gau, S. 21; Jaenisch, S. 45.
[161] Brockhaus, S. 127-129; Jaenisch, S. 46f.

gnadigungsrecht, da es nicht an Reichsnormen gebunden ist; auch hier gibt es jedoch einen faktischen Rahmen durch die Maßstäbe der Spruchpraxis des Bundesfeldherrn (Kaisers). Weiter obliegen den Kontingentsherren die Militär-Kirchenangelegenheiten, Art. 61 Abs. 1 Satz 2, zumal nach protestantischer Tradition der Landesherr Kirchenoberhaupt seiner Landeskirche ist.

Territorial und über ihr Kontingent hinaus, d.h. für alle in ihrem Land stationierten Verbände, haben die Landesherren die in Art. 66 Abs. 1 vorgesehenen Befugnisse, so ein, allerdings fast inhaltsloses, Inspektionsrecht:[162] Sie dürfen erkannte Mängel den zuständigen Stellen schriftlich mitteilen; darüber hinaus erhalten sie Informationen über Veränderungen, Beförderungen und Ernennungen.[163]

Schließlich haben sie noch ein gewichtiges Notstandsrecht, „zu polizeilichen Zwecken" sowohl die eigenen Truppen „zu verwenden" als auch alle anderen Truppen in ihrem Land „zu requirieren", Art. 66 Abs. 2.[164] Systematisch zwar kein Wehrrecht, hat es aber einen praktischen Bezug: Es gab damals, verglichen mit heute, nur sehr wenig Polizei, so dass schon bei niedrigschwelligen Störungen Militär eingesetzt werden musste.[165]

Darüber hinaus sind die Landesherren nach Art. 66 Abs. 1 „Chefs aller ihren Gebieten angehörigen Truppenteile und genießen die damit verbundenen Ehren", woraus sich eine Reihe Ehrenrechte ergeben. Die Chefstellung ist natürlich ein nur protokollarischer Status außerhalb der militärischen Hierarchie.[166]

Ist nun auch Preußen eine Landesherrschaft und sein Heer ein Kontingent im Sinne der Verfassung? Sicher gelten alle Elemente und Befugnisse, die die Verfassung für Landesherren und Kontingente vorsieht, auch für Preußen.[167] Dagegen sprechen allerdings die zahlenmäßige Dominanz und der herausgehobene Status des preußischen Heeres sowie die Vermengung der preußischen mit den Reichsinstitu-

---

[162] Brockhaus, S. 103; Mueller, S. 73.
[163] Brockhaus, S. 104-106; Gümbel, S. 49f; Mueller, S. 73 („Ehrenrecht").
[164] Brockhaus, S. 106-108; Gümbel S. 50.
[165] Walter, S. 231f; generell Michael P. Vollert, Für Ruhe und Ordnung, Bonn 2014.
[166] Jaenisch, S. 48.
[167] Brockhaus, S. 178; Burhenne, S. 80f; Laband, S. 9, 65f.

tionen, wovon noch die Rede sein wird.[168] Dieser Sonderstatus wird auch im preußischen Fahneneid deutlich: Bezeichnenderweise lautet er nur auf den jeweiligen preußischen König ohne Bezug auf den Bundesfeldherrn (Kaiser).[169] Da der aber mit dem Bundesfeldherrn (Kaiser) personenidentisch ist, wird dies wie bei vielen Amtshandlungen und Verträgen auch hier nicht unterschieden bzw. problematisiert.

b) die Ausnahme als Regel: die Militärkonventionen

Die Verfassung des Norddeutschen Bundes (Reichsverfassung) erwähnt Konventionen ausdrücklich, allerdings nur bei der Offiziersernennung, Art. 65 Satz 1 (später noch in den Schlussbestimmungen zum XI. Abschnitt der RV71). Auch wenn diese Bestimmung nach der herrschenden Meinung keine darüber hinaus gehende Ermächtigungsgrundlage ist, so zeigt dies doch, dass die Verfassung Konventionen nicht ausschließen will, was ja auch durch die Entstehungsgeschichte und den Vergleich mit dem Deutschen Bund einerseits und der Paulskirchen-Verfassung andererseits deutlich wird.[170] Schließlich hatten - mit Ausnahme Braunschweigs bis 1886 - alle anderen Staaten des Norddeutschen Bundes Militärkonventionen mit Preußen abgeschlossen. So entstand das zeitgenössische Bonmot: „Jeder preußische Leutnant hat ein Militärkonventionsformular in der Tasche".[171] Für die Wehrverfassung ist der Verfassungstext damit nur eine Richtschnur, die - heute fast unvorstellbar - durch Vereinbarungen mit den einzelnen Staaten modifiziert wird. Die (Wehr)Verfassung gilt also nur im Rahmen der Konventionen, d.h. die Regelungen der Verfassung sind nur die Leitlinie und die Wehrverfassung ist ein Strauß von abweichenden Einzelregelungen! „Die Reichsverfassung enthält dem-

---

[168] Betonung der preußischen Sonderrolle insbesondere Schulze, S. 431-433; s.u. S. 85ff, 97f, 100f.
[169] „Nutzen und Bestes befördern, Schaden und Nachteil aber abwenden, ... Befehle genau befolgen" mit unterschiedlichem Gottesbezug für Protestanten, Katholiken und Juden(!), abgedruckt bei Hein, S. 77.
[170] Unstreitig, z.B. Gau, S. 58f; Haenel, S. 490; Laband, S. 40, Tepelmann, S. 14f, jeweils m.w.N; s.o. S. 15f, 25.
[171] Miller, S. 34.

nach gleichsam ein Idealrecht, welches nirgends verwirklicht ist, das vielmehr nur die Normallinie bildet, um welche sich die tatsächlich in Geltung stehenden Regeln in mancherlei Windungen ziehen."[172]

Bei den Konventionen sind zwei Grundtypen zu unterscheiden. Dies ist zunächst das typische Standardmodell, bei dem die verfassungsmäßigen Rechte der Kontingentsherren weitgehend auf Preußen übertragen werden, und die Konvention mit dem Königreich Sachsen, mit der zu dessen Gunsten - atypisch - verfassungsmäßige Rechte des Bundes/Bundesfeldherrn eingeschränkt werden:

Übersicht: **Das System der Militärkonventionen I**

Wehrverfassung des Norddeutschen Bundes

Modifizierung durch Konventionen

Typ 1		Typ 2
Übertragung der militärischen Zuständigkeit auf Preußen		zusätzliche Rechte vom Bundesfeldherrn zugestanden
Version 1	Version 2	Sachsen
Vollständiges Aufgehen im preußischen Heer	Resterkennbarkeit als Landestruppe durch Zusatznamen (meist nur Infanterie, Hessen Division, teilweise Mitwirkung bei Offiziersernennung)	eigenes geschlossenes Armeekorps mit eigener Verwaltung

aa) „Großpreußen" oder die Konventionen mit den norddeutschen Kleinstaaten

„Die Verfassung ist ... recht und schlecht, ... für Preußen ... sogar unverträglich, wenn man sie nicht durch Spezialverträge mit den Einzelstaaten umgangen und wirkungslos gemacht hätte."[173] Schon nach

---

[172] „klassische" und häufig zitierte Formulierung von Laband, S. 9.
[173] Anonymes Zitat, Miller, S.5.

der Verfassung haben die Landesherren weniger Rechte als nach der Paulskirchen-Verfassung und den „Grundzügen" von 1866. Durch die Politik der Konventionen wurden sie weiter entmachtet, indem sie - gegen einige Garantien und Vergünstigungen - ihre Armee ganz oder weitgehend auf Preußen übertragen mussten.[174] Absicht und Effekt war also bei „optischer" Schonung der Landesherren eine über die Regelung und Zuständigkeitsgewichtung der Verfassung hinausgehende Borussifizierung des Heeres.

Die Konventionen mit den Kleinstaaten weisen typische Gemeinsamkeiten auf:[175] Die meisten beginnen etwas euphemistisch mit den Worten „die Reichsverfassung ... [an die Verhältnisse des Einzelstaates] ... anzupassen". Im Gegenzug zur Übertragung der Militärhoheit übernimmt Preußen Ausstattung und Unterhaltung des Heeres sowie die Militärverwaltung für das Land gegen eine (genau berechnete) Geldzahlung.[176] Weiter wird den Landesherren zugesagt, bestimmte Rechte, nach der Verfassung „eigentlich" des Bundesfeldherrn, insbesondere die Dislozierung von Landestruppen und die Einberufung von Wehrpflichtigen ins „Ausland" bzw. „fremde" Truppen ins Inland nur zurückhaltend und schonend auszuüben, sowie die preußischen Militärbildungseinrichtungen - Kriegsakademie, Generalstab, Truppenschulen - für Offiziere des Landes zu öffnen. Auch wenn es schon aus der Verfassung folgt, wird meist in der Konvention bekräftigt, dass Wehrpflichtige beider Staaten den Wehrdienst sowohl bei eigenen wie auch bei preußischen Truppenteilen ableisten können. Die Einberufung erfolgt durch preußische Militärbehörden unter Mitwirkung der Zivilverwaltung des Heimatstaates. Bei der Vereidigung bleibt es für die Unteroffiziere und Mannschaften bei der „Verfassungslösung", d.h. auf ihren Landesherren. Offiziere werden auf den König von Preußen vereidigt; in einer weiteren Erklärung im Range „darunter", durch „Revers" oder „Handgelöbnis",[177] gelobten sie zusätzlich „das Wohl und Beste" ihres Landesherren zu fördern. Trotz des übertragenen Ernennungsrechts wird den Landesherren

---

[174] S.o. S. 29f, 36.
[175] Endres, S. 19; Miller, S. 35-39; Tepelmann, S. 3; Thudichum, S. 391-395.
[176] Berechnungsbeispiel Militärausschuss Sachsen-Coburg-Gotha S. 21.
[177] Revers: Hessen, Baden, Oldenburg; Handgelöbnis: beide Mecklenburg und die Thüringer Fürstentümer, Endres, S. 19.

gestattet, ihre Adjutanten und zusätzliche „Offiziere à la suite" - letztere auf eigene Kosten - selbst zu ernennen.[178] Auch die Landesherren in Person werden „entschädigt" und ihre Status- und Ehrenrechte nicht nur garantiert, sondern auch erweitert: „Die Bundesfürsten stehen zu den genannten Truppen im Verhältnis der Kommandierenden Generale und üben entsprechende Disziplinargewalt aus." Dies ist natürlich keine Funktion in der militärischen Hierarchie, stellt sie aber im militärischen Protokoll mit den Korpskommandeuren gleich, d.h. in kleinen Staaten meist höher als der regionale Kommandeur.[179] Auch werden formale Ehrenrechte, z.B. Grußanspruch, auf die Familie des Fürsten ausgeweitet.[180] Meist gibt es dann noch Regelungen über Uniformierung, Abzeichen, Begnadigungsrecht, Orden, Einjährig-Freiwillige usw.

Von diesem Typ, norddeutsche Kleinstaaten, gibt es wiederum zwei Versionen:

Bei der weitest gehenden Version werden die bisherigen Kontingente vollständig aufgelöst und die Truppen gänzlich, also ohne Sonderstatus, in die preußische Armee inkorporiert und alle Wehrpflichtigen werden direkt in preußische Truppenteile eingestellt.[181] Im Gegenzug wird i.d.R. eine Infanteriegarnison zugesagt und die zusätzliche Landeskokarde zugestanden. Diesem Modell entsprechen die Konventionen mit Schwarzburg-Sondershausen, Waldeck, beide Lippe sowie mit den drei Hansestädten Hamburg, Bremen und Lübeck.[182]

Bei der zweiten Version sind die Truppen der Kontingente nach preußischem Schema organisiert, sie behalten aber ein kleines Maß an Eigenständigkeit: Sie werden teilweise als eigener Verband, je nach Größe Regiment oder Bataillon, in die preußische Armee integriert.[183] Diese Verbände bleiben so als „Kontingent" erkennbar: Sie haben zwar die einheitlichen Nummern, heißen aber nicht preußisch, son-

---

[178] Nach Laband, S, 70 Ehrenrecht; kritisch (rechtswidrig) Miller, S. 39.
[179] Mueller, S. 79.
[180] Miller, S. 39.
[181] Jaenisch, S. 11; Miller, S. 37; Neugebauer, S. 397
[182] Waldeck nach dem Akzessionsvertrag mit Preußen von 1867 ohnehin nur noch scheinselbständig. Anschauliche Darstellung der praktischen Auswirkung in der zeitgenössischen „Lippische Sonntagspost" Datum, zitiert nach J. Hoffmann, S. 196.
[183] Jaenisch, S. 11; für die Thüringischen Staaten und Anhalt Miller, S. 35.

dern werden nach ihrem Staat benannt und tragen am Helm dessen Landeswappen und dessen Kokarde neben der Bundeskokarde. Sie werden soweit möglich aus Wehrpflichtigen ihrer Staaten gebildet und in diesen Staaten stationiert. Dies gilt jedoch nur für die Infanterie; entsprechende Verbände für die anderen Waffengattungen bestehen - ein Größenproblem - in den meisten Fällen nicht; die hierfür vorgesehen Wehrpflichtigen werden unmittelbar in entsprechende preußische Truppenteile eingestellt. Nach diesem Modell geregelt waren die Konventionen mit elf Kleinstaaten.[184]

Diese zweite Version und ihre Begründung durch Staatsvertrag war flexibel genug, je nach Bedürfnis Sonderregelungen zu vereinbaren, die es der Psyche der Landesherren und den politischen Organen für die Ratifizierung erleichterten, die Gleichschaltung zu „schlucken": Z.B. enthalten die Konventionen mit beiden Mecklenburg noch die Sonderregelung, dass die vom preußischen König ernannten Offiziere zusätzlich ein Patent ihres Großherzogs erhielten.[185] Damit waren sie in Mecklenburg (auch) mecklenburgische, außerhalb natürlich (nur) preußische Offiziere, was jedoch staats- und beamtenrechtlich irrelevant und nur symbolisch war. Deshalb folgten später noch Konventionen mit weiteren Staaten diesem Modell.[186]

Besonderheiten ergaben sich auch noch für 13 kleinere, zumeist Thüringische Staaten,[187] die Schwierigkeiten hatten, den verfassungsmäßigen Militäretat aufzubringen. Ihnen wurde durch ihre Konventionen eine Reduzierung der Matrikel gewährt (i.d.R. 162 Taler, etwas höher für Oldenburg und Sachsen-Coburg-Gotha), die allmählich auf den verfassungsmäßigen Betrag von 225 Taler jährlich ansteigen sollten. Als Abweichung von Verfassung und Haushaltsplan musste der Reichstag dies beschließen. Danach haben zunächst nur 9 Länder den verfassungsmäßigen Betrag zahlen müssen![188] Auch für die Hanse-

---

[184] Beide Mecklenburg, Oldenburg, Anhalt sowie, mit einer einheitlichen Konvention, die thüringischen Staaten Sachsen-Weimar, Sachsen-Meiningen, Sachsen-Altenburg, Sachsen-Coburg Gotha, Schwarzburg-Rudolstadt und beide Reuß.
[185] Gau, S. 72; Jaenisch, S. 45; Tepelmann, S.19.
[186] Braunschweig s.u. S. 65, Hessen und Baden s.u. S. 75.
[187] Übersicht Miller, S. 40f.
[188] Preußen, zugleich für Waldeck, Sachsen, beide Mecklenburg, Braunschweig, Bremen, Hamburg und Hessen, Miller, S. 39f.

städte (Bremen, Hamburg, Lübeck) galten Erleichterungen (Befreiungen für in Übersee Tätige, unbegrenzte Quoten für „Einjährige").[189] Die Konventionen wurden befristet abgeschlossen bzw. waren kündbar.[190]

Wesentliche Sonderregelungen musste auch die Konvention mit dem Großherzogtum Hessen (Darmstadt) aufweisen. Dieses bestand aus zwei Teilen, wobei nur der nördliche zum Norddeutschen Bund gehörte. So hatte Hessen „eigentlich" zwei Armeen, eine innerhalb und eine außerhalb des Norddeutschen Bundes. Ihm wurde deshalb die Einheit seiner Truppen als „Großherzoglich Hessische Armeedivision" unter hessischem Oberbefehl, Prinz Ludwig, zugestanden.[191] Diese war allerdings in das XI. preußische Korps eingereiht und Prinz Ludwig musste versprechen, sein Amt nur „in Übereinstimmung mit den Befehlen des Bundesfeldherrn" auszuüben. Auch darüber hinaus wurden Hessen zahlreiche Erleichterungen in der Konvention zugestanden bzw. Übergangslösungen akzeptiert. So gilt die Wehrpflichtquote nur für Nordhessen, die Stellvertretung bleibt für weitere 5 Jahre zulässig, der Wehrdienst darf in hessischen oder preußischen Truppenteilen geleistet werden, die hessischen Uniformen dürfen bis 1872 getragen werden und die preußische Organisation und Gliederung wird nur allmählich übernommen.

bb) Verfassung + – die Konvention mit Sachsen

„Kann man die Bundesverfassung zugunsten … Preußens zwanzigmal umgehen, so kann man sie auch … einmal zugunsten … Sachsens modifizieren".[192] Die ironische Äußerung eines sächsischen Ministers lässt erkennen, dass die Stoßrichtung der sächsischen Konvention eine grundsätzlich andere ist. Diese (zunächst nur) mit Sachsen

---

[189] Fiedler, S. 129.
[190] In Kraft ab 1.10.1867; für die Hansestädte Auflösung nur einvernehmlich, Laufzeit Waldeck 10 Jahre bis September 1877, alle anderen 7 Jahre bis September 1874, Thudichum, S. 390.
[191] Fiedler, S. 132; Miller, S. 41f.
[192] (nicht namentlich genannter) sächsischer Minister, zitiert nach Miller, S. 8.

abgeschlossene Konvention des zweiten Typs enthält großzügigere Bedingungen für Land und Landeskontingent. Sachsen war besiegter Kriegsgegner, der deshalb erhebliche Abstriche an seiner Souveränität und seiner Wehrhoheit hinnehmen und dem Norddeutschen Bund beitreten musste. Andererseits verbot sich für Preußen eine Annexion wie bereits gezeigt außen- wie innenpolitisch.[193] Auch hatte Sachsen politisch wesentlich mehr Gewicht und eine deutlich stärkere Armee als die kleineren norddeutschen Staaten, so dass ihm mehr Sonderrechte, insbesondere für seine Armee, zugestanden wurden. Damit war Sachsen der einzige Staat des Norddeutschen Bundes, der nicht nur keine zusätzlichen, über die Verfassung hinausgehenden Militärrechte an Preußen abtreten musste, sondern seinerseits über die Kontingentsherrlichkeit der Verfassung hinausgehende Rechte erhielt. Folgerichtig beginnt die Konvention mit den Worten: "Dem Königreich Sachsen sind folgende Begünstigungen zugestanden worden." Rechtlich konnte diese nicht Preußen, sondern nur der Bundesfeldherr gewähren.[194] So nennt die Präambel als Sachsens Vertragspartner nicht Preußen bzw. seinen König als solchen, sondern den Bundesfeldherrn, der allerdings in Person der König von Preußen ist. Im Einzelnen regelt die Konvention:[195] Die sächsischen Truppen sind zwar wie ein Preußisches Armekorps zu gliedern und zu organisieren, bilden aber ein in sich geschlossenes Armeekorps mit den vier Waffengattungen, dem Train und eigener Verwaltung, d.h. eigenem Kriegsministerium, Art. 1 Abs. 1. Sie „führen dabei ihre eigenen Fahnen und Feldzeichen"; unbeschadet des Dispositionsrechts des Bundesfeldherrn soll der Verband des Sächsischen Armeekorps „möglichst erhalten werden", d.h. geschlossen eingesetzt werden. In Vermeidung des Weges über den Bundesratsausschuss nach Art. 8 Abs. 1 wird der Bundesfeldherr alle weiteren Bestimmungen und Regelungen „dem König von Sachsen unmittelbar zugehen lassen"; Sachsen erhält einen ständigen Sitz in dem „Ausschuss für das Landheer und die Festungen" nach Art. 8 Nr. 1 der Verfassung, Art. 2. Preußen „...ist

---

[193] Fenske, S. 11; Miller, S. 8f; s.o. S. 36.
[194] Handwörterbuch der gesamten Militärwissenschaften, Hrsg. B. Poten, Bielefeld und Leipzig, Stichwort Militär-Konventionen; Jaenisch, S. 14; Tepelmann, S. 46f.
[195] Abgedruckt in Militair-Gesetze des Deutschen Reiches, Berlin 1877, Teil II, S. 7-9; Mende, S.32f.

... erbötig", die erforderlichen Waffen zu liefern, Art. 3 Abs. 3, d.h. theoretisch wäre auch Eigenproduktion oder Bezug von dritter Seite zulässig, beides soll aber möglichst nicht stattfinden.
Die Sächsische Armee „tritt ... in den Etat und die Abrechnung des Bundesheeres", Art. 3 Abs. 1 Satz 2. Sie wird „verhältnismäßig vertreten sein" „an den Einrichtungen des Gesammtheeres, der Zentralmilitairverwaltung, den höheren Militair-Bildungsanstalten inkl. der Kriegsschulen, den militairisch-wissenschaftlichen und technischen Instituten, ... und dem Großen Generalstabe ...", Art. 3 Abs. 2. Vereinbart wird der Austausch „einiger Offiziere" beider Staaten auf „ein bis zwei Jahre", Art. 4 Abs. 1 Satz 1.
Die bei den verfassungsmäßigen Inspektionen festgestellten Mängel sind dem König von Sachsen mitzuteilen, der sie dann seinerseits abstellt und dem Bundesfeldherrn Vollzug meldet, Art. 4 Abs. 2 (also kein Durchgriff des Bundesfeldherrn). Von seinem verfassungsmäßigen Dislokationsrecht wird der Bundesfeldherr nur Gebrauch machen, wenn ihm dies im Bundesinteresse sinnvoll erscheint; er wird sich dann vorher mit dem Sächsischen König ins Benehmen setzen, Art. 5 (d.h. ohne besonderen Grund und besondere Prozedur sind in Sachsen stationiert alle sächsischen Truppen und nur sächsische Truppen.)
Die Hauptstadt Dresden wird keine Bundesfestung, geht also nicht in den Besitz des Bundes über.
Der Fahneneid wird wie folgt formuliert „Sr. Majestät dem Könige ... treu dienen, dem Bundesfeldherrn und den Kriegsgesetzen Gehorsam leisten", Art. 6.
Bei der Ernennung der Generale entsprechen die Befugnisse des Sächsischen Königs den Bestimmungen der noch nicht in Kraft getretenen, aber in Arbeit befindlichen Verfassung, Art. 64 Abs. 2: Er kann diese selbst ernennen, braucht aber das „Einverständnis" des Bundesfeldherrn, Art. 7 Abs. 1. Zusätzlich zum Fahneneid auf den Bundesfeldherrn müssen sie aber das „eidliche protokollarische Versprechen" abgeben, ihr „Kommando nur in Übereinstimmung mit den Befehlen des Bundesfeldherrn auszuüben" - doppelt genäht hält also auch hier besser![196] Für die Ernennung des Höchstkommandierenden

---

[196] Kritisch Miller, S. 44f.

hat der König von Sachsen über Art. 64 Abs. 2 hinaus ein Vorschlagsrecht, die Ernennung erfolgt dann durch den „König von Preußen", Abs. 2 (gemeint ist: als Bundesfeldherrn).
Ab Regimentskommandeur aufwärts sind nach preußischem Muster regelmäßige Beurteilungen anzufertigen und dem König von Preußen zuzuleiten, Art. 7 Abs. 6. Mobilmachungsmaßnahmen obliegen nur dem Bundesfeldherrn, Art. 9. Im Nachtragsprotokoll vom 7. Februar 1867 wird schließlich noch vereinbart, dass die Versetzung von sächsischen Offizieren durch den Bundesfeldherrn in andere Kontingente nur erfolgen wird, wenn dies mit einer Beförderung verbunden ist.
Durch die spätere Adaption auf Württemberg wird die sächsische Konvention, Typ 2, zum Referenzmodell für starke Mittelstaaten.

cc) Rechtsfragen

Obwohl nach Wortlaut der Verfassung und der Entstehungsgeschichte möglich, wirft das System der Konventionen eine Reihe von Rechtsfragen auf. So sind für die norddeutschen Staaten, Typ 1, folgende Aspekte fraglich:
Je nach übertragenen und gewährten Rechten wäre nach dem richtigen Vertragspartner - preußischer König, Regierung bzw. Präsidium oder Bundesfeldherr (Kaiser) - zu unterscheiden, was in den Konventionen nicht durchgehalten wird.[197] So hätten „eigentlich" jeweils zwei Konventionen geschlossen werden müssen: (Nur) wenn Rechte des Kontingentsherrn zur Ausübung auf Preußen übertragen werden, ist Preußen der richtige Vertragspartner. Ob dieses (richtig) durch den König oder (fälschlich) die „Regierung", so in den Konventionen mit den Hansestädten, vertreten wird, ist eine Frage des internen Staatsrechts, was die Wirksamkeit nicht beeinträchtigt[198] (Grundsatz falsa demonstratio non nocet). Soweit im Gegenzug Zusagen gemacht werden über die - schonende - Ausübung des Dislokationsrechts, Einberufung der Wehrpflichtigen oder die Beteiligung des Landesherren an der Ernennung des Oberkommandierenden, handelt es sich um (nur) dem Bundesfeldherrn zustehende Rechte, somit müsste

---

[197] Gau, S. 54; Jaenisch, S. 4, 20; Mende, S. 17.
[198] Jaenisch, S. 20; Mende, S. 51.

dieser Vertragspartner sein. Dies wird oft nicht unterschieden, zumal zwischen dem König von Preußen und dem Bundesfeldherrn Personenidentität besteht (Bismarck: „Silbenstecherei"[199]), erst recht, wenn der preußische König nach der Reichsgründung auch noch den Kombi-Titel „Kaiser" trägt. Unsauberkeiten sind aber auch hier wegen der Personenidentität gleichfalls unschädlich.

Durchweg unproblematisch verlief auch die Ratifizierung durch die Landtage.[200]

Da eindeutig Regelungen der Verfassung modifiziert werden, stellt sich natürlich die Frage der (materiellen) Verfassungsmäßigkeit. Doch argumentiert die herrschende Meinung und offizielle Sprachregelung etwas blauäugig, dass von den Ländern nicht die eigentlichen Rechte, sondern nur ihre Ausübung übertragen werden.[201] Auch sind die Konventionen i.d.R. befristet oder bleiben theoretisch kündbar,[202] so dass auch insoweit juristisch keine unabänderliche Umverteilung der verfassungsmäßigen Gewichte erfolge. Das sind natürlich beides juristische Krücken, denn den Beteiligten war klar, dass die Aufgabe der Militärhoheit für die Bundesstaaten endgültig war. Soweit Rechte des Bundes oder Bundesfeldherrn (Kaisers) betroffen sind, wird dies in den Konventionen als aus hinreichendem Grund jederzeit zu übersteuernde Ausnahme definiert und sein grundsätzliches Recht jeweils ausdrücklich anerkannt. Die Zusagen sind damit (formal) nur eine „freiwillige" Beschränkung bei der Ausübung und (materiell) nur ein so kleiner Teil der verfassungsmäßigen Befugnisse des Bundesfeldherrn, dass es keinen Eingriff in die Substanz der verfassungsmäßigen Regelungen darstellt.[203] Autoren, die trotzdem (materielle) Verfassungswidrigkeit und Unwirksamkeit annehmen, arbeiten mit der Hilfskonstruktion eines nur (rechtlich unverbindlichen) „feierlichen

---

[199] Zitiert nach Marschall, S. 585.
[200] Rechtslage in Kurzfassung: Bundesrat und Reichstag nein, da nicht Bund (Reich), nur Bundesfeldherr betroffen; Preußische Kammern nein, da Preußen ausschließlich Begünstigter, Landtage ja, da verfassungsmäßige Rechte abgegeben; zu den Rechtsfragen, Problemen und Abläufen Haenel, S. 24-33.
[201] Z.B. Gau, S. 60-62; Jaenisch, S. 23-25, 28, „nur militärisch-technische Aufgaben".
[202] Zu den Modifikationen im Kaiserreich s.u. S. 70f.
[203] Gümbel, S. 54; Mende, S. 25, 29.

Versprechens" des Bundesfeldherrn.[204] Jedenfalls ist die Gültigkeit der Konventionen vor und nach 1918 nicht ernsthaft bestritten worden.

Berechtigt ist aber die Frage nach der Verfassungsmäßigkeit der Konvention mit Sachsen. Die Konvention wurde bereits am 7. Februar 1867 abgeschlossen, als zwar der Entwurf der Bundesverfassung von den Bevollmächtigten der Landesregierungen vereinbart (15. Dezember 1866) war, aber erst am 1. Juli 1867 in Kraft trat.[205] Die Konvention ist auch nicht, anders als später die Verträge mit Bayern und Württemberg, durch eine Verfassungsbestimmung abgesichert worden. Nach der „reinen Lehre" wäre der Vertrag durch die Verfassung aufgehoben worden. Juristisch hat man sich wieder so geholfen, dass die Vereinbarung sich materiell im verfassungsrechtlich Zulässigen halte oder formal (nur) ein (rechtlich unverbindliches) „einseitiges feierliches Versprechen des Bundesfeldherrn sei, so zu verfahren".[206] Jedenfalls kannten die Vertragspartner, der Bundesfeldherr und der König von Sachsen, die Entwürfe, gingen in ihren Verhandlungen vom Text der ja alsbald ohne größere Änderungen in Kraft getretenen Verfassung aus und wollten diese inhaltlich spezifizieren. Bei dieser Entstehungsgeschichte war allen Akteuren die Verfassungsmäßigkeit der Konvention so selbstverständlich, dass die verfassungsmäßige Absicherung unnötig schien. So ist ihre Gültigkeit in der Militär- und Rechtspraxis nie bezweifelt worden - „sie führt in der Welt ein ungestörtes Dasein".[207]

---

[204] Brockhaus, S. 169, 185, 202f; Mende, S. 26f, Raesch, S. 31.
[205] Reichstag 16. April, Länderregierungen 17. April, Landtage bis Ende Juni, Sautter, Verfassungen, S. 99.
[206] Am deutlichsten von (dem Sachsen) Haenel, der von Unwirksamkeit ausgeht, soweit sie von der Verfassung abweicht, sowie Döhring, S 64; Tepelmann, S. 13; Übersicht und Bewertung bei Jaenisch, S. 15f m.w.N.
[207] Gau, S. 57; Jaenisch, S. 17.

c) verfassungstreu und doch Rebell – Braunschweig bis 1886

Welfischer Abkunft, welfentreu und 1866 neutral geblieben, hatte der regierende Herzog Wilhelm III. nur mit Widerstand der Wehrverfassung zugestimmt. Jetzt verweigerte er Preußen den Abschluss einer Militärkonvention.[208] Damit war Braunschweig das einzige Land, in dem die Verfassung unmittelbar, d.h. nicht durch eine Konvention zugunsten Preußens modifiziert, galt. So ist Braunschweig das Referenzmodell, wie das Heer des Bundes (Kaiserreiches) ohne Konventionen ausgesehen hätte.

Der Herzog konnte natürlich seine Vorstellung, das braunschweigische Kontingent als (gemischte) Brigade zu erhalten, nicht durchsetzen.[209] Die braunschweigischen Verbände wurden unterschiedlichen preußischen Verbänden zugeordnet, blieben aber „optisch" und rechtlich braunschweigisch, vor allem mit eigenen Offizieren. Obwohl gegen den Wortlaut von Art. 63 Abs. 2 verstoßend, hielt der Herzog auch entschlossen an den traditionellen braunschweigischen, schwarzen, Uniformen fest, wobei Preußen hier sogar zur Duldung in einer längeren Übergangszeit bereit war.[210] Dass diese sich wegen der stärkeren Tarnwirkung im französischen Krieg besser bewährten als die (blauen) preußischen,[211] ist eine Ironie der (Verfassungs)Geschichte.

Braunschweig hat zwar zahlenmäßig und finanziell die ihm als Kontingent obliegenden Anforderungen erfüllt. Es hatte aber, wohl symptomatisch für Kleinstaaten, stets Defizite in Zahl und Qualität der Offiziere,[212] denen keine so glanzvolle Karriere winkte wie im Militär einer Großmacht oder in mit dieser integrierten Kontingenten. Dieses Defizit nutzten Bundesfeldherr (Kaiser) und Kanzler nicht nur als Aufhänger für Beanstandungen im Rahmen der Überwachungs- und Inspektionspflicht, sondern auch für Repressalien: In Ausübung des Dislozierungsrechts wurden preußische Truppen in Braunschweig

---

[208] Lange, Gegenstand der Monografie, z.B. S. 4, 7f; Miller, S. 8.
[209] Fiedler, S. 130; Lange, S. 5f.
[210] Lange, S. 11.
[211] Miller, S. 38; zur angeblichen Verwechselungsgefahr mit französischen Uniformen kritisch Lange, S. 96 und zustimmend Sonnenwald S. 61.
[212] Lange, S. 27, 30-32, 39, 50f.

stationiert und darüber hinaus das Infanterieregiment 92, die Masse der braunschweigischen Truppen, außerhalb Braunschweigs stationiert und nach 1871 nach Elsaß-Lothringen verlegt, obwohl es hierfür keinen sachlichen Grund gab und derartige Verschiebungen in den Konventionen zumindest der Version 2 üblicherweise beschränkt wurden.[213] Die treibende Kraft hierfür war Bismarck, der die „eingebildete Militärhoheit"[214] des Herzogs als Pfahl im Fleische seiner Gleichschaltungspolitik empfand, aber augenscheinlich auch einer welfischen Restauration vorbeugen wollte. So ersann er immer wieder weitergehende Sanktionen bis hin zur Exekution,[215] während König/Kaiser Wilhelm noch irgendwie seine schützende Hand über seinen „Fürstenkollegen" Herzog Wilhelm hielt und Bismarcks schlimmste Vorhaben verhinderte. Nichts zeigt deutlicher als dies Beispiel, dass den Regelungen der Verfassung zum „Bundes-(Reichs)Kriegswesen" von Preußen keine eigenständige Bedeutung zugedacht war!

Das Problem löste sich „biologisch": Der Herzog starb kinderlos im Jahre 1884. Nach einer Art Staatsstreich durch die preußische Garnison zur Verhinderung einer welfischen Nachfolge kam Braunschweig unter preußische Regentschaft. Nach entsprechenden Verhandlungen kam es auch am 18. März 1886 zum Abschluss einer Konvention der Version 2; die Verhandlungen waren intensiv und echt, deshalb kein Oktroi einer fertigen Schubladen-Konvention.[216]

Die braunschweigischen Soldaten kehrten aus dem Elsaß zurück und das Infanterieregiment 92 und andere braunschweigische Verbände bis Bataillonsgröße blieben mit Namenszusatz „braunschweigisch", zusätzlichem Patent für die Offiziere und eigenen Abzeichen im X. preußischen Korps erhalten; aber natürlich verschwanden die schwarzen Uniformen.[217]

---

[213] Fiedler, S. 130; Lange, S. 19, 43, 48, 50, 52-56; Miller, S. 8, 37f; immerhin gab es Braunschweig in Elsaß-Lothringen ungeahnten Einfluss als gleichberechtigtem Partner der „großen" Betreuungsmächte, s.u. S. 84.
[214] Zitat bei Fiedler, S. 130.
[215] Lange, S. 32-35, 46-49; Miller, S.8, 37f.
[216] Lange, S. 53-57; anderer Ansicht Miller, S. 37f; zum Inhalt Albert Rhamm, Das Staatsrecht des Herzogtums Braunschweig, Tübingen 1908, S.71.
[217] Fiedler, S. 130; Lange, S. 55f; s.o. S. 57.

6. Über Süddeutschland und Frankreich zum Deutschen Reich

Der Norddeutsche Bund hat in den nur etwa 3 1/2 Jahren seines Bestehens - nicht zuletzt dank der Dominanz und Energie des preußischen Hegemons - eine ganz erstaunliche Aktivität in Gesetzgebung und Vollzug entfaltet und die beschlossenen Maßnahmen mit bewundernswertem Nachdruck realisiert und das Zusammenwachsen Norddeutschlands bewirkt. Hierzu gehört auch die Schaffung der Heereseinheit. Ziel der Bismarck'schen und preußischen Politik blieb aber, das (kleindeutsche) Reich durch Anschluss der süddeutschen Staaten zu vollenden. Zur Bildung des in dem Reformvorschlag von 1866 und in den Verträgen von Preßburg und Prag angedachten süddeutschen Bundes unter Führung von Bayern kam es wegen der Eifersüchteleien der süddeutschen Staaten nicht. Um innen- und außenpolitische Reaktionen zu vermeiden, ging Bismarck hier mit großer Behutsamkeit vor. So lehnte er die mehrfachen Versuche des Großherzogs Friedrich von Baden, eines bekennenden Preußen-Fans, ab, dem Norddeutschen Bund beizutreten oder zumindest eine Militärkonvention mit Preußen abzuschließen.[218] Aber auch Bismarcks stattdessen gemachter Versuch, auf wirtschaftspolitischem Wege über die Erweiterung des Zollvereins zu engeren Bindungen zu kommen, schlug fehl; die Mehrheit der süddeutschen Vertreter im „Zollparlament" waren liberale antipreußische Partikularisten, die Bismarck aber nicht majorisieren wollte.[219]

Trotzdem funktionierte die Militärpolitik einwandfrei: Mit allen süddeutschen Staaten kam es schon 1866 - gemeinsam mit den Friedensverträgen - zum Abschluss von gleichlautenden Schutz- und Trutz-Bündnissen.[220] Diese waren zunächst geheim, um die Wunden der Süddeutschen etwas verheilen zu lassen; sie wurden aber schon im nächsten Jahr - Luxemburgische Krise - zur Verhinderung einer fran-

---

[218] Jost, S. 78f; Riese, S. 16f; es kam aber zu einer Vereinbarung, die Ableistung der Wehrpflicht in beiden Staaten zu ermöglichen.
[219] Fiedler, S. 137; Haenel, S. 39, 42-45.
[220] Z.B. Vertrag zwischen Preußen und Baden vom 17. August 1866, abgedruckt z.B. bei Riese, S. 40f, und Bayern vom 22. August 1866, abgedruckt bei Epkenhans, S. 373; Clark, S. 625; Walter, S. 92-97.

zösischen Aggression von Bismarck veröffentlicht. In den Verträgen wurde nicht nur der preußische Oberbefehl akzeptiert (jeweils Art. 2), sondern von den süddeutschen Staaten unter dem Eindruck ihrer Schwäche und ihres Versagens 1866 auch die „Hausaufgabe" übernommen, ihr Militärwesen, dessen Organisation, Personalführung und Ausbildung der Offiziere und die Bewaffnung auf das preußische Vorbild umzustellen, was, nicht zuletzt durch den Austausch von Offizieren, in allen vier Ländern planmäßig fortschritt.[221] Dabei wirkte die Luxemburgische Krise, bei der Bismarcks Zurückhaltung von der öffentlichen Meinung scharf kritisiert wurde, als Katalysator, da sie das Bedrohungsgefühl verstärkte und die Notwendigkeit eines starken Partners unverkennbar werden ließ. Weitere Schritte zur Vereinheitlichung waren ein gemeinsamer Mobilisierungsplan sowie ein gemeinsamer Aufmarschplan 1868 und die Vereinbarung mit den süddeutschen Staaten über die Bundesfestungen im Juli 1869.[222]

Diese Schritte bewährten sich dann, zur französischen Überraschung, im Deutsch-Französischen Krieg: Alle süddeutschen Staaten erklärten Frankreich den Krieg, machten effektiv mobil und unterstellten ihre, bereits erheblich leistungsgesteigerten Truppen dem preußischen Oberbefehl. „Es zeugte von vollem Vertrauen in die preußische Heeresleitung, wenn die Regierungen von Bayern, Württemberg, Baden, scheinbar ihr Land entblößend, ihre Kontingente bereitwillig ... unter den Befehl des Königs Wilhelm stellten".[223]

Dabei wurden die ins preußische Heer integrierten Truppen bereits als Einheit empfunden und von Freund und Feind praktisch nicht mehr von den preußischen unterschieden,[224] zumal - mit Ausnahme von Braunschweig, Hessen und Sachsen - vom Bataillonskommandeur aufwärts nur preußische Offiziere kommandierten. Weitgehend angeglichen entsprechend ihrer Konvention waren auch die Hessische Division (Prinz Ludwig) im XI. preußischen Korps sowie vor allem die Sachsen, zunächst das XII. Korps, unter Prinz Albert. Dieser

---

[221] Fiedler, S. 137; Finke, S. 109f; Fuchs, S. 162f; Haenel, S. 39; Marquardt, S. 324; Riese, S. 16-19; Thudichum, S. 47-50; Walter, S. 92-97.
[222] Finke, S.110; Haenel, S. 39.
[223] Fiedler, S. 237, Ordre de Bataille S. 239; Zitat Moltke, S. 64.
[224] Napoleon III., Arg. Titel, Kapitel VI, VII, S. 48-71.

wurde alsbald sogar Befehlshaber der Maasarmee, wofür ihm auch preußische Truppen unterstellt wurden, und Moltke bescheinigte ihm „hervorragende Führung".[225] (Ein typisches Armeekorps war damals etwa wie folgt gegliedert und ausgestattet:[226] Zwei Infanteriedivisionen (mit je zwei Brigaden, vier Regimentern und 12 Bataillonen), einer Kavalleriebrigade (mit zwei Regimentern und 10 Eskadrons), einer Artilleriebrigade (mit zwei Regimentern, vier Abteilungen, 12 Batterien, zusammen 72 Geschützen) sowie als Korpstruppen je ein Pionier-, Jäger- und Trainbataillon, zusammen gut 30 000 Mann.)

Deutlich unterschieden waren allerdings noch die süddeutschen Kontingente. Dies war die Badische Division unter dem Badischen Kriegsminister, ehemals preußischen General Gustav Friedrich von Beyer, der jedoch schon am 10. Dezember 1870 durch einen preußischen General ersetzt wurde. Diese bildete als eigener Verband zusammen mit der Württembergischen Felddivision das XIV. Korps unter dem (preußischen) General August von Werder. Am bedeutendsten waren schließlich die beiden bayrischen Korps unter eigenen Korpskommandos (Ludwig von der Tann, Jacob von Hartmann); jeweils mit noch eigenen Uniformen, eigener Bewaffnung[227] und noch eigener, aber durch die Umsetzung der Bündnisverträge und die Unterstellung unter preußische Großverbände schon weitgehend angepasster Organisation. Alle süddeutschen Verbände wurden in die III. Südarmee, unter dem Oberbefehl des preußischen Kronprinzen Friedrich Wilhelm, integriert:[228] Dieser unterstanden damit neben ihren preußischen Verbänden (drei Korps und zwei Kavallerie-Divisionen) drei süddeutsche Korps.

Ebenso wie die Etablierung Alberts als Armeekommandeur war dies ein nicht zu überschätzendes Experiment und ein Vertrauensvorschuss in die werdende Einheit: Soldaten, die vier Jahre vorher noch gegeneinander Krieg geführt hatten und jetzt, als „neue Kameraden", manchmal buchstäblich Schulter an Schulter, gemeinsam erfolgreich

---

[225] Fiedler, S. 251; Moltke, S. 64, 610.
[226] schematische Darstellung Neugebauer, S. 443.
[227] Darunter eine bayrische Mitrailleuse, die fächerförmig streute und deshalb effektiver war als ihr berühmtes französisches Gegenstück, Buch der Erfindungen, 1. Band, 7. Aufl., Leipzig und Berlin 1883, S. 127f.
[228] Fiedler, S. 239; Finke, S. 110; Sonnenwald, S. 57-59.

kämpften. Zwar waren die Süddeutschen in Organisation, Ausbildung und Bewaffnung noch längst nicht auf preußischem Stand und noch nicht zusammen ausgebildet und geübt. Anfangs auch noch nicht mit vollem Selbstbewusstsein und mit (zu) viel Respekt vor dem Gegner[229] zeichneten sich die süddeutschen Truppen trotzdem in schweren Einsätzen aus; das 1. Bayrische Korps hatte besonders hohe Verluste. Trotz Kritik, den preußischen Kommandeuren in Ausbildung und operativem Denken nicht gleichwertig zu sein,[230] wurden auch der „Armeeabteilung von der Tann" preußische Truppen unterstellt. Jedenfalls wurde von der Tann auch über Bayern hinaus zum Kriegshelden - so wurde entgegen der traditionellen (preußischen) Namenssystematik der erste moderne Schlachtkreuzer der Marine nach ihm benannt.[231] Auch wenn die offizielle Kriegsgeschichtsschreibung des Kaiserreiches die preußische Rolle als zentral und entscheidend hervorhebt[232] und die Franzosen „Preußen" als Sammelbegriff für alle deutschen Truppen brauchten, betonen damals wie heute viele Autoren, dass sich die süddeutschen Kontingente mindestens ebenso bewährt haben.[233]

Das Verhältnis der Süddeutschen Staaten zum Norddeutschen Bund und ihrer Kontingente zum Bundesheer wurde dann im Krieg mit speziellen Konventionen, den „Versailler Verträgen" vom November 1870 bzw. durch die Reichsgründung und die Reichsverfassung endgültig geklärt. Dies war in der Verfassung des Norddeutschen Bundes mit Art. 79 bereits vorbereitet worden.

---

[229] Sonnenwald, S. 59.
[230] Fiedler, S. 260, 263; Fuchs S. 87.
[231] In Dienst gestellt 1910, Siegfried Beyer, Schlachtschiffe und Schlachtkreuzer, München 1970, S. 289f.
[232] Charakterisierung Pröve, S. 65f.
[233] Für Baden Riese, S. 36-38; Lindner, S. 122; für Württemberg Marquardt, S. 330, Miller, S.68, Ritter, Bd. 2, S. 123; für Bayern Fuchs, S. 92, Sonnenwald, S. 59, 61; vorsichtig kritisch Finke, S. 110f.

7. Die Wehrverfassung des Deutschen Kaiserreiches

a) die Reichsverfassung

Ergebnis der Bismarck´schen Politik und des Deutsch-Französischen Krieges war die Gründung des Deutschen Kaiserreiches im Spiegelsaal von Versailles am 31. Januar 1871. Diese fokussierte sich in der Reichsverfassung von 1871.[234] Sie war keine „neue" Verfassung, vielmehr „nur" die aktualisierte, im Übrigen im Wesentlichen übernommene Verfassung des Norddeutschen Bundes, dem die süddeutschen Staaten durch Verträge beigetreten sind.[235] Danach ist das Reich, wie es in der Präambel heißt, ein „ewiger Bund" der vier süddeutschen Fürsten für ihre Länder mit dem König von Preußen für den Norddeutschen Bund. Allerdings haben sich die süddeutschen Staaten als Bedingung für den Beitritt erhebliche Reservatrechte gesichert, z.B. bei Eisenbahn und Post und insbesondere für Württemberg und Bayern beim Militär. Gegenüber der Verfassung des Norddeutschen Bundes weist die Reichsverfassung folgende Veränderungen auf:[236]

Die auffälligste ist die Schaffung des Staatsorgans „Kaiser", der die Befugnisse von Präsidium und Bundesfeldherrn in sich vereinigt. So realisiert die Verfassung auch emotional die Inkarnation des alten und romantisch wiederbelebten Reichsgedankens und das historisch-politische Leitbild der großen Mehrheit des Deutschen Volkes, was sich im Kyffhäuser-Denkmal so typisch manifestiert. Doch auch der Bundeskanzler wird „befördert" und ist jetzt „Reichskanzler". Der Bundesrat besteht jetzt aus 25 Staaten mit 58 Stimmen, hinzu sind gekommen 2 zusätzliche hessische Stimmen, also jetzt 3, Baden mit 3, Württemberg mit 4 und Bayern mit 6.[237]

---

[234] Vom 16. April 1871; zukünftig abgekürzt RV71, in diesem Hauptteil Art. ohne Benennung, abgedruckt in: Sautter, Verfassungen, S. 120-144; Schema bei Neugebauer, S. 395; Ploetz, S. 943.
[235] Haenel, S. 47-51; Hartung, S. 273; Loening, S. 11-13, 42f.
[236] Hartung, S. 273f; Loening, S. 11-13, 42; vergl. o. 5.
[237] S.o. S. 37; zu Elsaß-Lothringen s.u. S. 90.

Durch zusätzliche Kompetenzen in der Gesetzgebung und weitere Reichsinstitutionen wird das Reich gestärkt:

Auch wenn es grundsätzlich bei der preußischen Hegemonie bleibt, ist diese doch nicht mehr ganz so drückend wie im Norddeutschen Bund. Die föderative Komponente gewinnt an Gewicht durch Hinzutreten der süddeutschen Länder mit ihren Stimmen im Reichstag und vor allem im Bundesrat, Art. 6. Das Quorum gegen Verfassungsänderungen bleibt bei nunmehr explizit genannten 14 Stimmen, Art. 78 Abs. 1, also nur noch 26%, so dass es außer von Preußen jetzt auch mit anderen Länderkonstellationen erreicht werden könnte. Auch werden die Rechte des Bundesrates erweitert. Neben der Gesetzgebung erhält er noch Sonderrechte, Art. 7 Abs. 1, und zwar allgemeine Verwaltungsvorschriften zu Gesetzen zu erlassen und den Gesetzesvollzug zu beaufsichtigen – wohl mehr eine Klarstellung als echte Stärkung. Neuland ist aber seine Mitwirkung bei der Kriegserklärung. Nach preußischer Tradition hatte der König allein das Recht, Krieg zu erklären und Frieden zu schließen; die Reichsverfassung bindet dies jetzt, entsprechend dem Bundesprinzip, an die Zustimmung des Bundesrates, nicht aber an die des Reichstages, Art. 11 Abs. 1;[238] das monarchistische Prinzip wird also nur mit der föderalen Komponente kombiniert, nicht etwa einer parlamentarischen Mitwirkung. Auch die Reichsexekution[239] ist jetzt nur noch mit Zustimmung des Bundesrates zulässig, Art. 11.

Nach Ablauf des Kopfquantums (Übergangsfrist des Art. 62 Abs. 3 am 31. Dezember 1871) und einem nochmaligen Aufschub bis zum Inkrafttreten des Reichsmilitärgesetzes 1874 gelten für den Militärhaushalt keine Ausnahmeregeln mehr. Er unterfiel damit nach der Verfassung dem Budgetrecht des Reichstages.[240] Der Militärhaushalt hatte aber das beschriebene enorme fiskalische und politische Gewicht - und der Grundsatzkonflikt zwischen dem monarchischen, spätabsolutistischen Prinzip und dem demokratischen Prinzip musste immer wieder aufbrechen und blieb bis zum Weltkrieg das Haupt-

---

[238] Born, S. 217; Proebst, Art. 11, Anm. 1.
[239] Zu Bayern s.u. S. 81.
[240] Ausführlich s.o. S. 42f.

kampffeld der deutschen Innenpolitik. Zwar war inzwischen der Hauptkonfliktpunkt, das Budgetrecht, von Kaiser und Bismarck anerkannt und entsprechend entschärft. Staatsrechtspraxis blieb aber der parlamentarisch unbeschränkte kaiserliche Oberbefehl. Auch der Gegensatz zwischen dem kaiserlichen Bestimmungsrecht nach Art. 60 Abs. 4 und dem Budgetrecht des Reichstages, Art. 69 und Art. 65 Abs. 4, war nicht klar entschieden. So musste es, um Blockaden zu überwinden, immer wieder zum Kompromiss kommen: Man bediente sich meist mehrjähriger Gesetze zum Militärhaushalt (Septemnate, Sextenat, Quinquenate, Quatronat).[241] Dies schränkte zwar den Einfluss des Reichstages erheblich ein, der nur nach einigen Jahren wieder Einfluss nehmen konnte, doch im Grundsatz und tatsächlich können Militärausgaben nicht mehr ohne Zustimmung des Reichstags beschlossen werden. Dies bedeutete eine erhebliche Einflussnahme nicht nur auf die Höhe der Ausgaben, sondern auch auf die Stärke, Organisation, Bewaffnung, Ausrüstung und innere Struktur des Militärs, von der Verfassung „eigentlich" dem Kaiser zugewiesene Befugnisse, Art. 63 Abs. 3 und 4. Unstreitig zuständig ist der Reichstag natürlich für die anstehenden Wehrgesetze. Der Primat des Kaisers für das Heer ist also zugunsten des Reichstages erheblich eingeschränkt. Dabei zeigt sich im Kaiserreich eine deutliche Entwicklung vom monarchistischen Prinzip zur allmählichen Parlamentarisierung.[242]

Eine „Todsünde" gegen das Reichsprinzip und die Systematik der Verfassung sind allerdings die militärischen Reservatrechte der Länder Württemberg und vor allem Bayern bis hin zu geheimen Zusatzabkommen.[243] Durch die Schlussbestimmung zum XI. Abschnitt aus der Wehrverfassung ausgenommen, für Bayern auch noch durch Schlussbestimmung zum XII. Abschnitt aus der Finanzverfassung, sind sie formal in Verfassungsrang erhoben worden. Diese „Todsünde" wird faktisch noch mit Ewigkeitsgarantie abgesichert durch eine Sperrklausel, Art. 78 Abs. 2, die für die Sonderrechte Verfassungsänderungen an die Zustimmung der betroffenen Länder bindet.

---

[241] Dietz, S. 72; Messerschmidt, S. 233; Neugebauer, S. 398; Ritter, Bd. 2, S. 124; Schmid, S. 73, 107, 200.
[242] Miller, S. 31f; Neugebauer, S. 394.
[243] S.u. S. 81.

Im Norddeutschen Bund erfolgreich erprobt, wurde das Instrument der Militärkonventionen auch im Kaiserreich beibehalten, aktualisiert und ausgeweitet. Hier sind sieben Gruppen zu unterscheiden:[244]
Unverändert beibehalten wurden die Konventionen mit fünf Staaten, Sachsen, Oldenburg und den drei Hansestädten;
Eine weitere Gruppe wurde aktualisiert und an die neuen Verhältnisse angepasst (z.B. „König von Preußen" und „Bundesfeldherr" durch „Kaiser" ersetzt), wobei es meist nicht zu nennenswerten inhaltlichen Änderungen kam. Dies waren die Konventionen mit 14 Staaten, den beiden Mecklenburg, den acht Thüringischen Staaten, Anhalt, Waldeck, Schaumburg-Lippe und Lippe-Detmold).
Hinzu kommen die Konventionen mit den süddeutschen Staaten als Folge der Reichsgründung: Hier wurde die Konvention mit Hessen mit erheblichen Änderungen „aktualisiert" und neue Konventionen wurden mit Baden und Württemberg geschlossen. Trotz Vermeidung dieser Bezeichnung enthält auch der bayrische „Beitrittsvertrag" eine Konvention.
Der Sonderfall Brauschweig wurde erst 1896 durch eine, die letzte, Konvention gelöst. Diese schloss dann die Phase der Konventionen und damit der Ausgestaltung der Wehrverfassung ab. Hinzu kommen dann noch zwei atypische Fälle, eine Vereinbarung über die Ressortverhältnisse in Elsaß-Lothringen und eine Vereinbarung bezüglich der Festung Ulm und schließlich eine allerletzte, die Übertragung der Personalführung für die württembergischen Offiziere auf Preußen in der Bebenhäuser Konvention von 1893.[245]

---

[244] Synopse aller Konventionen (außer Bayern und Braunschweig) und ihrer wichtigsten Regelungen Stand 1888 Militair Gesetze, S. 63; Übersicht Stand 1914 bei Laband, S. 34f.
[245] J. Hoffmann, S. 198; Lange, S. 97; s.u. S. 78.

b) Konventionen mit den Süddeutschen Staaten

aa) Großherzogtum Baden und Herzogtum Hessen

Hessen und Baden traten dem Norddeutschen Bund im November 1870 mit einer gemeinsamen Vereinbarung bei.[246] Nun konnte Baden endlich seine lange beabsichtigte Militärkonvention mit Preußen bereits am 25. November 1870 abschließen.[247] Der Großherzog verzichtete auf viele erhandelbare Sonderrechte, wahrscheinlich, „weil er einem großartigen Impulse folgend, der Einheit Deutschlands ein noch größeres Opfer bringen wollte".[248] Danach war das Badische Heer „unmittelbarer Anteil der Deutschen, beziehungsweise der Königlich-Preußischen Armee", Art. 1, mit eigenen Zusatznamen und Abzeichen. Zunächst nur eine Division, bildeten die badischen Truppen in der preußischen Armee, zusammen mit preußischen und elsässischen Verbänden, das XIV. Armeekorps.[249]

Zäher liefen die Verhandlungen mit Hessen: Die bestehende Konvention von 1867 für den nördlichen Landesteil, in die auch der südliche schon weitgehend einbezogen war, wurde unter preußischem Druck aufgehoben. Am 4. April 1872 wurde eine neue Konvention abgeschlossen.[250] Darin musste der Herzog auf die meisten Sonderrechte verzichten. Die Division blieb zwar, im Rahmen des XI., später des XVIII. Armeekorps erhalten. Preußen zog aber, mit Ausnahme des Oberkommandierenden, hier jedoch Zustimmungserfordernis des Königs von Preußen, die Offiziersernennung an sich, allerdings nach dem Mecklenburg-Modell: Die Offiziere wurden vom preußischen König ernannt und erhielten zusätzlich hessische Patente. Spielräume wurden auch bei der Uniform gewährt.[251]

---

[246] Gemeinsame Beitrittsurkunde vom 15.11.1870, abgedruckt bei Pröbst, S. 113-115.
[247] Vom 25. November 1870, abgedruckt bei Riese, S. 43.
[248] Miller, S. 47-49; Riese, S. 39.
[249] Organisation und Stationierung des Deutschen Heeres Stand 1900 Hein, S. 54, 56.
[250] Miller, S. 41f.
[251] S.o. S. 57.

Beide Konventionen folgten also der Version 2, der Bedeutung der Länder entsprechend mit relativ weiten Sonderregelungen.

bb) das Militärverhältnis Württembergs

Deutlich weitergehende Zugeständnisse musste der Bundesfeldherr, alsbald Kaiser, dem traditionsbewussten und nicht so preußenfreundlichen Württemberg machen: Zwar gelten auch hier die Rahmenbedingungen der Verfassung wie Gesetzgebungsrecht, Aufsichtsrecht, Oberbefehl und Zahlungspflicht uneingeschränkt. Im Übrigen diente für die Konvention mit Württemberg[252] die mit Sachsen als Modell, die aber um zusätzliche Privilegien erweitert wurde:

Nach der Präambel ist Zweck der Konvention, „die Bestimmungen ... der Verfassung ... über das Kriegswesen ... den besonderen Verhältnissen des Königreichs Württemberg anzupassen". Vertragspartner waren „der König von Preußen im Namen des Norddeutschen Bundes" - vor Reichsgründung und Reichsverfassung! - und der König von Württemberg. Diese Bezeichnung der Kontrahierenden ist korrekt, da nur Rechte des Bundesfeldherrn (Kaisers) betroffen - in der Ausübung beschränkt - sind und keine württembergischen Rechte auf Preußen übertragen werden.

Danach bilden die „Württembergischen Truppen als Theil des Deutschen Bundesheeres ein in sich geschlossenes Armeekorps ...mit eigenen Fahnen und Feldzeichen", Art. 1, Art. 3, 1. Halbsatz.[253] Sie führen zusätzlich zu der Einheits-Nummerierung eine zusätzliche, vorangestellte württembergische Nummer, Art. 3, 2. Halbsatz, z.B. „51. (1. Königlich Württembergische) Infanteriebrigade". Die eigene Verwaltung ist sinngemäß in Art. 12 vereinbart („in selbständiger Verwaltung"). Für die Einnahme der neuen Organisation wird Württemberg eine Übergangsfrist von 3 Jahren eingeräumt, Art. 2. Von der Übernahme preußischer Regelungen sind einige Bereiche ausgenom-

---

[252] Vom 21./25. November 1870, BGB. S. 658; abgedruckt bei Miller, S. 63-68 und Pröbst, Verfassung, S. 117-123; Kommentar Miller, S. 68-78; Doppeldatum durch Irritationen in letzter Minute (Intervention der Königin?), Marquardt, S. 327f; im Folgenden sind die Artikel zitiert ohne Nennung der Konvention.

[253] Im Vertrag genannt das XIV., später endgültig das XIII., Pröbst, S. 118, FN 2.

men, darunter die Kirchenordnung, aber auch das Militärstrafgesetzbuch und Militärstrafprozessordnung, Art. 10 Abs. 2.
Der Fahneneid wurde wörtlich vereinbart und enthält die zwei Komponenten: "dem Könige ...treu dienen, und seiner Majestät dem Kaiser und den Kriegsgesetzen Gehorsam leisten ", Art. 4, d.h. „Einbau" des Kaisers in die Vereidigung auf den König.[254]
Die Ernennung aller Offiziere, auch der Generale, obliegt dem König von Württemberg, lediglich für die Ernennung des Höchstkommandierenden ist die „vorgängige Zustimmung" des Bundesfeldherrn erforderlich, Art. 5. Der König „genießt" die Chefstellung und „übt die Gerichtsherrlichen Befugnisse aus", Art. 5. Wie schon bei der Konvention mit Sachsen werden die Rechte des Bundesfeldherrn/Kaisers im Grundsatz betont und die nur restriktive Ausübung zugesichert, z.B. bei der Disponierung und Dislozierung, Art. 6: Das Württembergische Korps ist in Friedenszeiten ausschließlich in Württemberg stationiert, eine Abweichung hiervon und die Stationierung anderer deutscher Truppen in Württemberg „soll" nur mit der Zustimmung des Königs von Württemberg erfolgen.[255] Bei der Ernennung von Festungskommandanten, der Anlage neuer Festungen und der Versetzung eines württembergischen Offiziers in ein anderes Kontingent muss sich der Bundesfeldherr mit dem König „vorher in Vernehmen" setzen,[256] Art. 7 Abs. 1. Die Beurteilungen und die Berichte hierüber „nach preußischem Schema" sind dem Bundesfeldherrn vorzulegen, Art. 7 Abs. 2. Wie im Beispiel Sachsen werden „einige" Offiziere ausgetauscht; vor einer Versetzung zwischen dem Preußischen Heer und dem Württembergischen Korps haben „besondere Verabredungen" stattzufinden, Art. 8.
Bei den Inspektionen sind Vertretungspersonen vorher zu bezeichnen; der Bundesfeldherr kann die Mängel auch nicht selbst abstellen,

---

[254] Mit namentlicher Nennung der jeweiligen Monarchen; im ursprünglichen Konventionstext statt Kaiser noch „Bundesfeldherr"; abgedruckt bei Hein, S. 78 und Pröbst S. 118.
[255] In einigen Fällen erfolgt, z.B. vor 1900: 16. Württembergische Eisenbahnkompanie nach Berlin verlegt, Miller, S. 79, und Fußartillerie-Bataillon Nr. 13 ins preußische Kontingent übernommen, Laband, S. 33f; weitere Fälle nach 1900.
[256] Entspricht in heutiger Rechtssprache dem „Benehmen", d.h. muss erörtert werden, der Bundesfeldherr darf sich aber über Einwände hinwegsetzen.

sondern teilt sie dem König mit, der sie dann abstellen muss, ohne eigenen Entscheidungsspielraum, Art. 9. Für die Organisation sind die preußischen Normen maßgebend, Art. 10 Abs. 1. Auch die Gradabzeichen sind die preußischen. Die Uniformen legt der Württembergische König fest, also über Sachsen hinausgehend, es „soll dabei aber den Verhältnissen der Bundesarmee die möglichste Rechnung getragen werden.", Art. 10 Abs. 3. Dies führte zu langem Kampf um den zweireihigen württembergischen Waffenrock mit zahlreichen Stilblüten.[257]

Mit seinem Finanzbeitrag nach Art. 62 beteiligt sich Württemberg nicht nur anteilig an den Kosten für die „gemeinschaftlichen Einrichtungen des Gesamtheers" (werden aufgezählt), Art. 12 Abs. 2, diese stehen ihm auch zur Verfügung, was preußischerseits zunächst vor allem für die Auszubildenden verstanden und für Lehrpersonal zunächst nur sehr zurückhaltend gehandhabt wurde.[258] Auch im „großen Generalstabe wird es verhältnismäßig vertreten sein", Abs. 3. Alle Verstärkungen, Einziehungen und Mobilmachungsmaßnahmen hängen von den Anordnungen des Bundesfeldherrn ab, Art. 14. In Vermeidung des Weges über den Bundesratsausschuss nach Art. 8 Abs. 1 RV71 wird der Schriftverkehr direkt vom Preußischen zum Württembergischen Kriegsministerium abgewickelt, Art. 15 Abs. 1, und Württemberg ist ein ständiger Sitz in diesem Ausschuss zugesichert, Abs. 2. Weitergehend als bei den bisher erwähnten Konventionen stehen dem Bundesfeldherrn die Leitung des Telegraphenwesens im Kriegsfall zu, was schon im Frieden vorzubereiten ist, Art. 11; augenscheinlich eine Reaktion auf den technischen Fortschritt.

Die Frage, ob diese Zugeständnisse „materiell" noch mit der Bundes-(Reichs)Verfassung vereinbar sind, erübrigt sich: So lautet die „Schlussbestimmung zum XI. Abschnitt: „Die in diesem Abschnitt enthaltenen Vorschriften kommen ... in Württemberg nach näherer Bestimmung der Militärkonvention vom 21./25.November 1870 ... zur Anwendung", zu ergänzen ist natürlich „nur". Damit wurde die Konvention, anders als bei Sachsen, beim Vertragsschluss und in der

---

[257] Miller, S. 73f.
[258] Miller, S. 75.

Verfassung selbst (formal) abgesichert, wobei Art. 78 Abs. 2 Verfassungsänderungen an die „Zustimmung des berechtigten Bundesstaates" knüpft, was faktisch als „Ewigkeitsklausel" wirken musste.

Natürlich kam es zu typischen, aber wohl unvermeidlichen Friktionen, vor allem anfangs durch die Ignoranz und Arroganz preußischer Offiziere.[259] Andererseits hatte Württemberg Probleme, genug eigene Offiziere zu gewinnen. Es kam deshalb 1893 zur „Bebenhäuser Konvention", in der Württemberg die Personalführung für seine Offiziere auf Preußen übertrug.[260] Insgesamt vollzog sich aber der Übergang zum „einheitlichen Heer" relativ schnell und leicht, ja, das württemberger Militär legte Wert darauf, eine Elite im „Reichsheer" zu sein.[261]

cc) „Preuß´ ist Preuß´, ob er König oder Kaiser titulirt wird"[262] – der Beitrittsvertrag mit Bayern

Am schwierigsten gestalteten sich die Verhandlungen mit Bayern. Zwar war zumindest seine Rheinpfalz durch Napoleons Annexionsabsichten bedroht. Zudem war es durch die klägliche Niederlage von 1866 erschüttert und reformgeneigt sowie frustriert über das Scheitern seiner Südbund-Ambitionen. Doch versuchte es als mächtigster Südstaat wenigstens von seinen politischen Rechten und seiner Militärherrschaft so viel wie möglich zu „retten".[263] Dies schlug sich in dem „Beitrittsvertrag"[264] in vielen und detaillierten Bestimmungen, „Reservatrechten", nieder und wurde über diesen in die Reichsverfassung übernommen. Vor Reichsgründung und Reichsverfassung geschlossen, verwendet er noch die Begriffe Norddeutscher Bund und Bundesfeldherr. Der Beitrittsvertrag wird wegen der weiteren Regelungsmaterie und der abweichenden Benennung gelegentlich nicht unter die Militärkonventionen subsumiert. Unter Abschnitt III., § 5

---

[259] Miller, S. 77-82; s.o. S. 73.
[260] J. Hoffmann, S. 198; Lange, S. 97.
[261] Miller, S. 67; Ritter, Bd. 2, S. 123.
[262] Aus der Wochenschrift der Fortschrittspartei in Bayern 1870, zitiert nach Hans Dollinger, Bayern, 2000 Jahre in Bildern und Dokumenten, München 1976.
[263] Born, S. 217; Brockhaus, S. 131; Gau, S. 44; Miller, S. 39f, 52f.
[264] Vertrag, betreffend den Beitritt Bayerns zur Verfassung des Deutschen Bundes vom 23. November 1870, BGB. 1871, S.9, abgedruckt bei Pröbst, S. 123-131.

enthält er aber Regelungen, die materiell eine Militärkonvention sind und deshalb von fast allen Autoren auch formal als solche, allerdings besonderen Typs, gewertet wird.

Vor allem im Militärwesen enthält der Beitrittsvertrag grundlegende Sonderregelungen, die von der „Normallinie" der Verfassung und den anderen Konventionen am weitesten abweichen und große Teile der Wehrverfassung für Bayern ausschließen.[265] Zwar gelten uneingeschränkt die Artikel Gesetzgebungs- und Aufsichtsrecht des Reiches, Art. 4, Nr. 14 und damit alle weiteren Wehrgesetze des Reiches auch für Bayern. Weiter gelten Art. 57 mit Art. 59, „Wehrpflicht für alle Deutschen", sowie die Bestimmungen, die Stärke und Finanzierung des „Deutschen Heeres" regeln, Art. 58, und 60, Ziffer III., § 5 Absatz 1 Beitrittsvertrag.

Andererseits finden die gesamten übrigen Regelungen zum „Reichskriegswesen", die Artikel 61 - 68, auf Bayern keine Anwendung und werden durch spezielle Regelungen ersetzt. So bleibt ein „Bayrisches Heer" mit relativ großer Selbständigkeit erhalten und hat gewissermaßen den Status eines fremden Kontingents:[266] „Das Bayrische Heer bildet einen in sich geschlossenen Bestandteil des Deutschen Bundesheeres mit selbständiger Verwaltung unter der Militärhoheit seiner Majestät des Königs von Bayern", § 5 Nr. III. Satz 1. Damit sind bayrische Truppen nur in Bayern stationiert und fremde Truppen können nicht dort stationiert werden; bayrische Offiziere können nicht in andere Bundesstaaten und fremde nicht nach Bayern versetzt werden; die Wehrpflicht besteht für bayrische Rekruten nur gegenüber dem Bayrischen König und in Bayern. Der Bayrische König hat die „Militärhoheit" im Frieden und erst „im Kriege - und zwar mit Beginn der Mobilisierung" - geht der „Befehl" auf den Bundesfeldherrn/Kaiser über, § 5 Nr. 3.

Wie schon Sachsen und Württemberg behält Bayern eine eigene Heeresverwaltung unter einem eigenen Kriegsminister. Dies wird verstärkt durch Einzelheiten zur Fiskalverwaltung, Art. 12 Beitrittsvertrag. Hinzu kommen erweiterte Haushaltsrechte: so wird der Haushalt

---

[265] Ziffer III., § 5 Beitrittsvertrag; im Folgenden Paragraphen zitiert ohne Benennung des Beitrittsvertrages.
[266] Brockhaus, S. 130f; Gau, S. 44-53; Tepelmann, S. 56-59.

für das Bayrische Heer von dem Bayrischen Kriegsminister aufgestellt und vom Bayrischen Landtag verabschiedet und ist für den Reichshaushalt nur ein „durchlaufender Posten". D.h. während in den anderen Ländern die Heeresverwaltung auf Rechnung des Reiches geführt wird, wird in Bayern der Landesfiskus Partner und Eigentümer mit Verwendungsauflagen;[267] auch bleiben etwaige Überschüsse, abweichend von dem durch den Vertrag ausgeschlossenen Art. 67 bei Bayern, was allerdings infolge der politischen Rahmenvorgaben fast ausgeschlossen ist. Falls Bayern seine Verpflichtungen nicht erfüllt hätte, hätte der Kaiser als einzige Sanktionsmöglichkeit das Inspektionsrecht gehabt.[268]

Der König ist aber in diesen Zuständigkeiten keineswegs frei - Bayern muss vielmehr „in Bezug auf Organisation, Formation, Ausbildung und Gebühren, dann hinsichtlich der Mobilmachung volle Übereinstimmung mit den für das Bundesheer bestehenden Normen herstellen, Nr. III., Satz 2. Aber „bezüglich der Bewaffnung, Ausrüstung und Gradabzeichen" behält sich Bayern „die Herstellung der vollen Übereinstimmung mit dem Bundesheere vor", Nr. III., Satz 3, darf also eigene Bewaffnung, Uniform und Abzeichen beibehalten bzw. einführen.

Der Bundesfeldherr (Kaiser) hat die Pflicht und das Recht zu Inspektionen. Er kann die Mängel aber nicht selbst abstellen, sondern muss sich über die Modalitäten und das Ergebnis mit dem Bayrischen König „ins Vernehmen setzen", Nr. III Satz 4. Auch die Mobilisierung erfolgt auf Veranlassung des Bundesfeldherrn (Kaisers) durch den Bayrischen König, rein formal, ohne Spielraum. Die stete gegenseitige Information erfolgt unmittelbar durch die Kriegsministerien über Bevollmächtigte in Berlin und München, d.h. ohne den Bundesratsausschuss.

Der Gehorsam gegenüber dem Kaiser als Bestandteil des Fahneneides gilt für Bayern nur für den Kriegsfall, § 5 IV. Der Wortlaut ist nicht im Beitrittsvertrag geregelt, sondern wird allein von Bayern bestimmt. Etwas breit und schwülstig formuliert, lautet er auf den jeweiligen

---

[267] Brockhaus, S. 137f, 141-144.
[268] Die Reichsexekution war durch Geheimvertrag ausgeschlossen; s.u. S. 81.

König;[269] angehängt ist der Schlusssatz: „im Kriege den Befehlen seiner Majestät des Deutschen Kaisers als Bundesfeldherrn unbedingt Folge zu leisten."

Der Bayrische König ist in der Ernennung von Offizieren, also auch Generalen, Höchstkommandierenden und Festungskommandanten, frei, muss aber die Qualitätsnormen des „Bundes", also die preußischen, einhalten.

Für die Anlage von neuen Festungen auf bayrischem Gebiet „im Interesse der gesammtdeutschen Verteidigung" bedarf es „jeweiliger spezieller Vereinbarung", § 5, Nr. V. Daneben gab es noch zwei geheime Zusatzvereinbarungen, die erst 1917 bzw. 1932 bekannt wurden, so die bayrische Beteiligung an Friedensverhandlungen und den Ausschluss der Reichsexekution![270]

Die bayrischen Reservatrechte widersprechen zwar nach Buchstaben und Geist der Reichsverfassung. Durch die „Schlußbestimmung zum XI. Abschnitt" („Reichskriegswesen"), Geltung nur „nach näherer Bestimmung des Bündnisvertrages", sowie die „Schlußbestimmung zum XII. Abschnitt" („Reichsfinanzen"), besonderer bayrischer Militärhaushalt außerhalb des Reichsmilitäretats, sind die von der Verfassung abweichenden Regelungen aber selbst Bestandteil der Verfassung, also formell und materiell Verfassungsrecht geworden. Beides wird abgesichert durch das Vetorecht in Art. 78 Abs. 2 gegen Verfassungsänderungen. Dies sollte natürlich alle Versuche ausschließen, je die bayrischen Privilegien zu beschneiden.[271]

Die bayrischen Reservatrechte sind deshalb der schärfste Prüfstein für die Frage: „einheitliches Reichsheer oder Kontingentsheer?"[272] In der Staatsrechtslehre wurde dementsprechend diskutiert, ob das Bayrische Heer (noch) ein Teil des „einheitlichen" (Reichs)Heeres ist. Die meisten Autoren kommen zu dem Ergebnis, dass die Zuständigkeiten der Reichsinstitutionen selbst die des Bayrischen Königs schon im Frie-

---

[269] In der Zeit der Regentschaft auch auf den Prinzregenten Luitpold; abgedruckt bei Hein, S. 78.
[270] Hartung, S. 273.
[271] Gau, S. 45 und Brockhaus, S. 131, generell S. 131-134.
[272] Brockhaus, S. 225.

den deutlich überwiegen. Als wichtigstes Kriterium wird gesehen, dass er kein Recht hat, seine Truppen zu gebrauchen, sprich selbst Krieg zu erklären oder zu führen, es liegt also keine echte Militärsouveränität vor. Auch sind fast alle Befugnisse des Bayrischen Königs durch die Auflagen der Angleichung an das übrige Heer eingeschränkt. Schließlich besteht der Befehl des Kaisers im Kriege, der den König wieder auf die „Chef-Ehren" reduziert. Andererseits hat der König im Frieden ein Heer frei von direkter fremder Einflussnahme und in eigener Militärverwaltung. Der Vertrag spricht selbst von der „Militärhoheit seiner Majestät des Königs von Bayern", zugleich authentische Interpretation, aus der argumentum ex contrario folgt, dass bei allen anderen Konventionen keine Militärhoheit der Kontingentsherren besteht![273] Als Wertung hat sich die Formel herausgebildet: „aus dem Verband des Reichsheeres scheidet auch die Bayrische Armee nicht aus. Trotz ihrer Sonderstellung ist sie während des Friedens nur im Reiche, durch das Reich und für das Reich möglich, während des Krieges nichts als ein Glied an dem einen großen Körper des deutschen Heeres".[274]

Hervorzuhebende Besonderheit ist noch, dass, anders als in Preußen und im Reich, in Bayern auch die das Militär betreffenden königlichen Akte der Gegenzeichnung unterfallen.[275]

In der Praxis hat Bayern, bei entsprechendem Selbstbewusstsein, seine Pflichten nach der Wehrverfassung vorbildlich erfüllt. Die bayrischen Offiziere übertrafen die preußischen an allgemeiner und fachlicher Bildung.[276] Wegen der Eigenständigkeit konnte es zu keinen Problemen mit preußischen „Kolonialoffizieren" kommen. Allerdings herrschte in der Bayrischen Armee ein gewisser Mangel an Reserveoffizieren sowie ein chronischer Mangel an Unteroffizieren, der durch Anwerbung in Preußen bekämpft wurde. Dann prallten natürlich antagonistische Dienstauffassungen und Mentalitätsunterschiede aufeinander.[277]

---

[273] Gau, S. 59; Jaenisch, S. 56; Tepelmann, S. 37, 56.
[274] Brockhaus, S. 217, zitiert von Gau, S. 49, Jaenisch S. 58 und Tepelmann, S. 57.
[275] Marschall, S.305-308; s.o. S. 39, FN 116, 118; S. 44, FN 135.
[276] Miller, S. 54; Neugebauer, S. 398; sinngemäß auch Ritter, Bd. 2, S. 121.
[277] Fuchs, S. 90f.

Entsprechend seinem Sonderstatus hielt Bayern lange an der eigenen Bewaffnung - Werdergewehr bis 1884[278] - und Ausrüstung fest.[279] Auch wurde mit den „technischen Instituten" des Heeres eine eigene Waffenentwicklung gefördert, um eine bayrische Rüstungsindustrie zu erhalten und sich nicht von Preußen, aber auch anderen Ländern, abhängig zu machen. Noch „sichtbarer" war der Sonderstatus bei den eigenen, hellblauen Uniformen und speziellen Raupen-Helmen.

Tabelle: **Das System der Militärkonventionen II**

Wehrverfassung des Kaiserreichs

Modifizierung durch Konventionen

Typ 1	Typ 2	Typ 3
Militärische Zuständigkeit auf Preußen übertragen	zusätzliche Rechte vom Bundesfeldherrn/Kaiser zugestanden	in sich geschlossener Teil des einheitlichen Heeres unter der Militärhoheit des Königs
norddeutsche Staaten, Baden, Hessen	Sachsen, Württemberg	Bayern

c) atypische Konventionen: Elsaß-Lothringen, Festung Ulm

Konventionen im ursprünglichen Wortsinne, aber atypisch im Sinne der bisher erörterten Typen sind folgende militärische Verträge:

---

[278] Wegen der schnellen Schussfolge Spitzname „Blitzgewehr", aber störanfällig.
[279] Fuchs, S. 81-83.

„Instruktion vom 10. April 1872 über die Ressortverhältnisse in Elsaß-Lothringen".[280] Dies war eine Vereinbarung der Kriegsministerien der beteiligten Staaten Preußen, Bayern, Württemberg und Braunschweig(!) über Zuständigkeiten und Truppenstationierungen.[281]

Allgemein als Konvention gewertet wird auch die zwischen Bayern, Württemberg und dem deutschen Kaiser am 16. Juni 1874 geschlossene „Vereinbarung bezüglich der Festung Ulm".[282] Diese, die rechts und links der Donau und damit sowohl auf württembergischem als auch auf bayrischem Territorium liegt, wurde dadurch zur Reichsfestung erhoben. Hierzu haben Württemberg und noch weitergehend Bayern auf ihre für Festungen geltenden Sonderrechte verzichtet. Gouverneur und Kommandant werden vom Kaiser ernannt; bei ersterem muss sich der Kaiser mit dem König von Württemberg ins „Vernehmen" setzten, für letzteren, der bayrischer Offizier sein muss, hat Bayern das Vorschlagsrecht. Auch die Dienstposten für die anderen höheren Offiziere sind gleichmäßig auf Württemberg und Bayern verteilt und als Besatzung dürfen im Frieden nur württembergische und bayrische Truppen verwendet werden; erst im Kriege gilt das kaiserliche Dislozierungsrecht. Auch die Finanzierung wird atypisch geregelt: Der - kleinere - bayrische Anteil wird (nur) in den bayrischen Etat eingestellt,[283] die Masse der Ausgaben werden im preußischen Militäretat des Reichshaushalts ausgebracht, weshalb etwaige Ersparnisse - für seinen Anteil - nur für Bayern angerechnet werden - insgesamt ein gutes Beispiel für die verbliebenen Defizite der Verreichlichung im Heer des Kaiserreiches und ihre wenig logischen Folgen.

Diese Vereinbarung weicht schon inhaltlich in vielen Punkten von der Reichsverfassung ab; da sie genauso offensichtlich von der Konventionen mit Württemberg und dem bayrischen Bündnisvertrag abweicht, liegt insbesondere ein Verstoß gegen die Schlussbestimmun-

---

[280] Durch die Rechtschreibreform hat sich die Schreibweise von -ß in -ss geändert. Da der frühere Rechtszustand beschrieben wird, wird in dieser Arbeit die Schreibweise „Elsaß" verwendet.
[281] Laband, S. 35; geändert durch kaiserlichen Erlass vom 1.4.1886, als nach der Konvention mit Braunschweig dies als Partner wegfiel, s.o. S. 65, s.u. S. 90f.
[282] Brockhaus, S. 210-213; Tepelmann, S. 59-61.
[283] In Anwendung von Art. 62 und Schlussbestimmungen zum XI. und XII. Abschnitt RV 71 i.V.m. Ziffer III., § 5 Abs. 1 Beitrittsvertrag.

gen im XI. und XII. Abschnitt vor, so dass die Vereinbarung nur im Verfahren des Art. 78 Abs. 2, verfassungsändernder Reichstagsbeschluss, hätte geändert werden dürfen.[284] Da aber Kaiser, Württemberg und Bayern Vertragschließende sind, hat sich außer einigen Staatsrechtlern niemand Gedanken über die Rechtsfragen gemacht, zumal die Regelung sinnvoll ist, zu einer weiteren Vereinheitlichung des Heeres geführt und nicht zuletzt gezeigt hat, dass sich auch die Länder mit Reservatrechten, jedenfalls in diesem Rahmen, auf Kompromisse verständigen konnten. In der Praxis zeigt sich allerdings wieder die zunächst übertriebene preußische Dominanz in der Dienstpostenbesetzung, insbesondere gegenüber Württemberg.[285]

d) Reich oder Preußen – die borussische Dominanz

Historisch, nach seiner politischen Dynamik und Wirtschaftskraft sowie je fast 2/3 der Fläche und der Einwohner,[286] ist Preußen die unbestrittene Vormacht in Deutschland. Dies kommt in der Verfassung vor allem dadurch zum Ausdruck, dass Titel und Funktionen des Kaisers, die Vereinigung von Bundespräsidium und Bundesfeldherr, an die Person des preußischen Königs gebunden sind, Art. 11 RV, der preußische König hat also „automatisch" die größte Machtfülle im Reich, auch wenn dies formal Reichsfunktionen sind. Das Reich ist, nach der bereits erwähnten „klassisch" gewordenen Formulierung von Schulze, „ein Bundesstaat, wo der wesentlichste Teil der Bundesgewalt mit der Staatsgewalt des mächtigsten Einzelstaates organisch verbunden ist."[287] Insofern ist oft schwer zu unterscheiden und wurde auch immer weniger unterschieden, was Reichs- bzw. kaiserliche Befugnisse oder preußische Rechte sind. Im Übrigen ist die preußische Dominanz in der Verfassung scheinbar zurückhaltend formuliert. So ist bei den Stimmen im Bundesrat Preußen mit 17 von 58 Stimmen, Art. 6, unterrepräsentiert, hat aber als einziges Land allein das Quorum von 14 Stimmen für das Veto-Recht gegen Verfas-

---

[284] Tepelmann, S. 61.
[285] Miller, S. 84f.
[286] Clark, S. 637; Neugebauer, S. 384.
[287] Schulze, S. 432.

sungsänderungen, Art. 78 Abs. 1. Hinzu kommt das Vetorecht des Kaisers gegen alle Veränderungen im Heer- und Marinewesen, Art. 5 Abs. 2.

Weiter springt natürlich die Funktion des preußischen Ministerpräsidenten ins Auge, der üblicherweise auch Reichskanzler ist. Auch wenn die Verfassung hierzu schweigt, ist dies für das Funktionieren des Systems fast zwingend und wird in aller Regel so praktiziert.[288] Diese Vermengung Reich - Preußen und damit die preußische Dominanz werden verschärft, weil das Reich - außer dem Reichskanzler als (eigentlich nur) Vorsitzenden des Bundesrates, Art. 15 - keine Regierung (Minister) hat. Damit fehlen, jedenfalls zunächst, oberste Reichsbehörden und der erforderliche administrative Unterbau. So muss das Reich zwangsläufig das preußische Staatsministerium und die preußische Verwaltung als „Unterbau" nutzen.[289] Zwar werden nach und nach „Reichsämter" gebildet. Diese sind aber keine Ministerien, sondern werden von Staatssekretären geleitet, die dem Kanzler uneingeschränkt weisungsgebunden sind. So entsteht immerhin allmählich eine kleine Reichs-„Ministerialbürokratie".

Dies trifft aber gerade für die Wehrverfassung nicht zu, wo die Dominanz Preußens noch schwerwiegender ist. Aus dem preußischen Wehrrecht hervorgegangen, ist sie „der Stamm, um den sich das Militärrecht herumschlingt."[290] So ist „die gesammte preußische Militairgesetzgebung ungesäumt einzuführen, sowohl die Gesetze selbst, als die zu ihrer Ausführung, Erläuterung oder Ergänzung erlassenen Reglements, Instruktionen und Reskripte", Art. 61. Zwar ist in die Verfassung „eingebaut", dass die preußischen Gesetze zunehmend durch Reichsgesetze ersetzt werden. Dies ändert aber an der faktischen preußischen Dominanz nichts, da die eigentliche Arbeit an Gesetzen sowie ergänzenden Vorschriften und Materialien sowie die Haushalts- und fiskalischen Angelegenheiten vor der Behandlung im Bundesrat

---

[288] Ausnahmen Albrecht von Roon, 1872/73 und Botho Wendt Graf zu Eulenburg 1892-94; Ploetz, S. 949.
[289] Clark, S. 637f; Hartung, S. 280; Ploetz, S. 942.
[290] Mende, S. 5 unter Aufnahme des Laband´schen Bildes; Vorwerk, S. 31 m.w.N.

und im Reichstag von einer Fachinstanz, Beamtenebene, vorbereitet werden. Auch der Bundesrat wird durch fehlenden eigenen Unterbau und preußische Dominanz in den Verfahren und politisch umgangen. Dies gilt besonders für den Ausschuss für das Landheer und die Festungen, der angeblich ursprünglich für die Detailarbeit auf dem Wehrsektor gedacht war. Auch ihm fehlt der „Beamtenapparat" und ein Abfließen von Einfluss aus der preußischen Sphäre wird verhindert, so dass er kaum tagt und auch sonst nicht in Erscheinung tritt.[291] Mangels verfassungsmäßiger und praktischer Alternative ist der administrative „Anker" für Wehrrecht, Heeresverwaltung und Militäretat (nur) das Preußische Kriegsministerium. So hat die „Tradition der Preußischen Armee beim Zusammenfließen der Rechte des Kaisers und des preußischen Landesherren das stärkere Gewicht auf die Seite des letzteren gelegt."[292] Folglich sind besonders im Militärwesen die preußischen und die Reichsfunktionen oft nur theoretisch unterscheidbar. Damit hat der Preußische Kriegsminister den entscheidenden Einfluss auf die Verwaltung des Heeres und den Militärhaushalt, das heißt Aufstellung, Vollzug und Rechnungslegung, wofür er der „Partner" von Reichstag und Bundesrat ist. So ist er, auch ohne formale Stellvertreterbefugnisse für Bundesfeldherrn oder Reichskanzler, faktisch Reichskriegsminister.[293] Formal konnte er dem Reichstag gegenüber allerdings nur als „Preußischer Bevollmächtigter zum Bundesrat" agieren.[294] Er bzw. das Preußische Kriegsministerium ist damit das Zentrum in einem rechtlichen und politischen Spannungsfeld

---

[291] kritisch schon Tepelmann, S. 29; der Auswärtige Ausschuss tagte so gut wie nie und auch der Ausschuss für das Landheer und die Festungen tagte selten und wurde durch die Konventionen sowie spätere Sonderregelungen für Sachsen, Württemberg und Bayern und politische Umgehung durch Preußens ausgehöhlt; insbesondere Clark weist nach, dass der Ausschuss für das Heerwesen und die Festungen, wie auch die anderen Ausschüsse, insbesondere der des Auswärtigen, und überhaupt der ganze Bundesrat durch die preußische Hegemonie weitgehend ausgeschaltet werden, S. 637.
[292] Haenel, S. 521; sehr preußenkritisch Miller, S. 4.
[293] Born, S. 226; Brockhaus, S, 124f; Dietz, S. 67; Haenel, S. 490, 521; Jost, S. 89f; Mueller, S. 58; Neugebauer, S. 398; zur Entstehungsgeschichte Schmid, S. 31f; im Handbuch der Reichsbehörden von 1888 sind auch die Landeskriegsministerien aufgeführt, es handelt sich aber nur um „mittelbare Reichsbeamte", also Landesbehörden, die Reichsgesetze vollziehen, Laband, S. 68 FN 1.
[294] Vorwerk, S. 43 m.w.N.

zwischen 4 Polen: Reichsangelegenheiten und Reichsinstitutionen einerseits, faktische Verantwortlichkeit Bundesrat und Reichstag gegenüber andererseits sowie Befehls- und Kommandogewalt des Kaisers und schließlich den Kriegsministerien der anderen Königreiche.

So obliegt einem Landesministerium(!) die Erarbeitung von Reichsgesetzen und die Aufstellung, Überwachung und Rechnungslegung des Wehrhaushaltes. Dem Bundesrat und Reichstag gegenüber ist nur der Reichskanzler gegenzeichnungspflichtig und verantwortlich. Dieser ist aber nicht als Reichskanzler, sondern nur als Preußischer Ministerpräsident „Vorgesetzter" des Kriegsministers, der Preußische Kriegsminister ist nicht dem Bundesrat und dem Reichstag, sondern nur seinem Landtag verantwortlich, der aber keine originären Aufgaben im Militärbereich hat. In Fortsetzung des Ringens Befehl und Kommandogewalt gegen parlamentarische Verantwortlichkeit sind Kaiser, Kanzler und „Militär" darüber hinaus bestrebt, den parlamentarischen Bereich einzuschränken und auszuhöhlen durch die tatsächliche Erweiterung der Kompetenzen von Generalstab, Militärkabinett und schließlich fast 40 „Immediatstellen". Andererseits nehmen Bedeutung und Einfluss des Reichstages allmählich zu.[295] Demgegenüber haben die drei andern Kriegsministerien nur minimale Möglichkeiten, eigene Ideen einzuspielen, so dass ihnen und ihrem „Unterbau" - abgesehen von Bayern für Haushalts- und Fiskalangelegenheiten - nur noch der Vollzug bleibt. Dies zeigt deutlich die Lücken und Probleme, die die preußische Hegemonie besonders in der Wehrverfassung mit sich brachte und die bis 1918 nicht gelöst wurden.

Damit verglichen waren die Folgeprobleme in der Praxis eher Anfangsschwierigkeiten: Soweit Offiziere länderübergreifend versetzt wurden, verlieren sich die Offiziere anderer Kontingente im großen

---

[295] Schließlich bekommt der faktische Status als Reichskriegsminister mit der Parlamentarisierung noch eine verfassungsmäßige Aufwertung: die Kriegsminister werden auch offiziell gegenüber Bundesrat und Reichstag verantwortlich, Verfassungsänderung vom 28.10.1918, angefügter Absatz 4 an Art. 66, Sautter, Verfassungen, S. 141. Dies markiert aber nicht mehr eine Entwicklung im Kaiserreich, sondern ist, wie die gesamten Verfassungsänderungen vom Oktober 1918, die Reaktion auf den sich abzeichnenden Zusammenbruch (Druck Wilsons!) an dessen Ende.

preußischen Heerkörper, während die Preußen umgekehrt in den fremden Kontingenten schon zahlenmäßig, vor allem aber als (gefühlte) Lehrmeister prägend wirken und als „Flut preußischer Offiziere"[296] empfunden werden. Vor allem sind die Dienstposten ab Bataillonskommandeur überproportional mit Preußen besetzt, was „nach oben" immer ausgeprägter wird, so dass bei Generalen, Höchstkommandierenden und Führungspositionen in Festungen die Preußen klar dominieren - so waren z.B. im württembergischen Kontingent zwischen 1871 und 1914 von 13 kommandierenden Generalen 10 preußisch und nur zwei württembergisch, umso bemerkenswerter, da ja der Württembergische König das Vorschlags- und Ernennungsrecht auch für Generale hatte.[297] Dies war anfangs durchaus sinnvoll, um die anderen Kontingente qualitativ auf den Stand des in mehrfacher Hinsicht führenden Preußens zu bringen. Auch bestand außerhalb Preußens ein Mangel an Offizieren: Mit der Reform ("Verpreußlichung"!) hatten die anderen Staaten zahlreiche ältere Offiziere pensioniert (pensionieren müssen), da sie diesen die Anpassung an so viel Neues nicht mehr zumuten konnten, während ihre Kontingente gleichzeitig beträchtlich vergrößert wurden.[298] So bestand großer „Importbedarf" an preußischen Offizieren. Preußen konnte deshalb nicht nur „Spitzenleute" entsenden, sondern musste auch auf die „zweite Garnitur" zurückgreifen. Diese „Entwicklungshilfe" schlug aber auch in (Vor)Macht, Privileg und Arroganz um, was zu kritischen Reaktionen führte, insbesondere wenn sich das preußische Offizierskorps als elitäre Klasse gerierte.[299] Hier gab es aber im Laufe der Zeit Verbesserungen, Angleichungen und Vermischungen.[300]

Auch rein zahlenmäßig dominieren die Preußen. So ist die Masse der Verbände preußisch, zählt man hierzu noch die durch die Konventionen des Grundtyps vollständig und weitgehend preußisch gewordenen hinzu, bleiben Stand 1900 nur noch sechs Korps, zwei sächsi-

---

[296] Miller, S. 81.
[297] Miller, S. 77-79, 81; exakter Nachweis auf Basis der gezahlten Gehälter S. 85-87.
[298] Vergleiche Parallelen zur Übernahme des Bundesheeres in die Wehrmacht 1938 und der NVA in die Bundeswehr 1990; Joachim Welz, Erfolgsstory oder Trauma - die Übernahme von Armeen, Berlin 2018, insbes. S. 50, 52 und 55.
[299] Beispiele für Reibereien Miller, S. 47-49, 77-82, angefangen bei General Werder.
[300] S.u. S. 103ff.

sche, das Württembergische und drei bayrische Korps (gegenüber 17 preußischen)[301] übrig. Dies Ergebnis wird durch das „Bild" und den äußeren Eindruck noch verstärkt durch die „preußische" Uniformierung und Kopfbedeckung - zunächst mit Ausnahmen von Braunschweig, Württemberg und Bayern, die dann aber auch zunehmend „preußisch" werden. Hinzu kommen die allgemeinen Reglements, Verfahren usw., die den „Ton" und den „Stil" prägen und verstärken. So wird „Preußen" zum Synonym für das Militär im Reich - „er muss zu den Preußen"- oder im Ausland, das teils bewundernd, teils feindselig von „den Preußen" sprach, auch wenn das deutsche Heer generell gemeint war.

e) militärische Reichsorganisationen: Elsaß-Lothringen, Ostasiatische Brigade, Marine, Schutztruppe

In einigen militärischen Institutionen hat sich dagegen das Reichs-Prinzip voll durchgesetzt. Am bedeutendsten ist dabei der elsaß-lothringische Heeresanteil. In den Verträgen von Versailles und Frankfurt war Elsaß-Lothringen von Frankreich „auf ewige Zeiten" an Deutschland abgetreten worden. Im Wirkungsfeld konkurrierender Interessen und Eifersüchteleien kam aber letztlich weder ein Anschluss an ein anderes Land/andere Länder noch die Aufnahme als eigenes - gleichberechtigtes - Land in den „Fürstenbund" in Frage. So wurde als Lösung das „Reichsland" ersonnen.[302] Danach übt „die Staatsgewalt in Elsaß-Lothringen ... der Kaiser aus". Die Staatsaufgaben wurden von Reichsorganen wahrgenommen, z.B. Gesetzgebung durch Bundesrat und Reichstag. Erst 1911 erhielt Elsaß-Lothringen einen eigenen Landtag und drei Stimmen im Bundesrat und gilt damit als Bundesstaat, neu eingefügter Art. 6 a (neben allerdings 15 Abgeordneten im Reichstag bereits 1873). Die Militärverhältnisse wurden wesentlich geregelt durch die bereits erwähnten „Instruktion vom 10. April 1872 über die Ressortverhältnisse in Elsaß-Lothringen":[303] Im

---

[301] Hein, S. 24-27.
[302] Entstehungsgeschichte und Verfassung Haenel, S. 823-828; Loening, S. 117-122.
[303] Zwischen Preußen, Württemberg, Baden und Braunschweig, s.o. S. 84.

Elsaß stationiert wurden zwei Armeekorps (preußische XV. und XVI.); weitere Teile Elsaß-Lothringens waren anderen Korpsbereichen zugeordnet. Verkompliziert wurde das Ganze allerdings dadurch, dass die Elsaß-Lothringer als unzuverlässig galten und auf fremde Kontingente verteilt wurden; erst nach und nach wurden sie in elsaß-lothringische Verbände eingezogen.

Für die Wehrverfassung bedeutete dies, dass die Befugnisse des Kaisers mit denen des Landesherrn/Kontingentsherrn zusammenfielen. Theoretisch bestanden also noch die unterschiedlichen Zuständigkeiten, diese waren aber - nur noch für Staatsrechtler unterscheidbar - in der Person des Kaisers gebündelt. In der Praxis wurde bei den Befugnissen nicht mehr zwischen Reich und Kaiser bzw. zwischen Landesherren und Land unterschieden und brauchte nicht mehr unterschieden zu werden. Der Kaiser ernannte auch alle Offiziere; diese waren, ebenso wie alle Beamten des Reichslandes Reichsbedienstete.[304] Die Vereidigung erfolgte dementsprechend (nur) auf den Kaiser. Wenngleich auch hier - mangels zuständiger Reichsorgane - die Militärverwaltung von Preußen wahrgenommen wurde,[305] war mit dem elsaß-lothringischen Kontingent also faktisch und (fast) auch rechtlich ein echtes Reichsheer entstanden, das Parallelen zum subsidiären Reichsheer der Paulskirche erkennen lässt.[306]

Ein - wenn auch nur von 1901 bis 1906 vorübergehend bestehender - Reichsverband war die „ostasiatische Besatzungsbrigade". Für den Boxeraufstand neu, also neben der Friedensorganisation des Heeres, gebildet, bestand sie aus freiwilligen „Militärpersonen der einzelnen Heereskontingente" und, mangels einer Reichsmilitärverwaltung, wurde die Verwaltung „dem Bundesstaate Preußen" übertragen.[307]

Für die Marine machte erst die Reichsverfassung die volle Verreichlichung deutlich. Da nur Preußen eine Kriegsflotte hatte, war es wie gezeigt leichter als beim Heer, sie auf den Bund (das Reich) zu übertragen und ihre Verwaltung (später) zu einem Reichsamt zu machen.

---

[304] Haenel, S. 832; Laband, S. 76.
[305] Gümbel, S. 55.
[306] S.o. S. 25.
[307] Hein, S. 335; Laband, S. 12 mit Nachweis der gesetzlichen Grundlagen.

Da die Formulierung in der Verfassung des Norddeutschen Bundes missglückt war,[308] erfolgt für die unstreitig homogen „kaiserliche" Marine eine eindeutige Neuformulierung in der Reichsverfassung. Sie „ist eine einheitliche unter dem Oberbefehl des Kaisers. Die Organisation und Zusammensetzung liegt Seiner Majestät dem Kaiser ob", der die Offiziere ernennt und auf den allein die Angehörigen vereidigt werden, Art. 53. Dementsprechend wurden aus dem preußischen Marineministerium 1872 die Kaiserliche Admiralität und ab 1889 das Oberkommando der Marine unter dem Befehl des Kaisers und das dem Reichskanzler unterstehende Reichsmarineamt.[309]

Ähnlich verhält es sich mit den Schutztruppen der Kolonialgebiete. Sie waren kein Bestandteil des Heeres i.S.d. XI. Abschnittes der Reichsverfassung, sondern eine eigenständige Reichsorganisation unter dem Oberbefehl des Kaisers. Kommando-(!) und Verwaltungsbehörde war das dem Reichskanzler unterstehende Reichskolonialamt bzw. nach dem „Stellvertretergesetz" dessen Staatssekretär (und nicht ein (Landes)Kriegsministerium). Der Status der Schutztruppen war durch spezielle Reichsgesetze geregelt.[310]

In beiden Fällen bestanden damit Reichsämter mit einem Staatssekretär an der Spitze, die dem Reichskanzler unterstanden. Die Rechte des Reichskanzlers gegenüber Truppe und Kaiser! - Weisungs- und Gegenzeichnungsbefugnisse - gehen also hier ironischerweise weiter als beim Heer. Grenze ist natürlich die vom Kaiser reklamierte Befehls- und Kommandogewalt.

---

[308] S.o. S. 44f.
[309] Dietz, S. 64f; Giese, S. 66f, zur weiteren Entwicklung der Führungsorganisation S. 68; Vorwerk, S. 36f.
[310] Gesetz vom 28.7.1896, RGBl., S. 653; Laband, S. 12 FN 2; Raesch, S. 37; Vorwerk, S. 35 m.w.N.

f) das Heer des Kaiserreiches – Reichsheer oder Kontingentsheer?

Für das Heer des Kaiserreiches fehlen klare Zuordnungen der Verfassung wie Art. 53 Abs. 1 für die Marine, Art. 79 der Weimarer Reichsverfassung oder Art. 87 a des Grundgesetzes. So ist dessen Rechtsnatur das meist diskutierte und umstrittenste Problem des Staatsrechtes im Kaiserreich. Dabei stellt sich natürlich die Frage nach dem Wert und der Relevanz einer nachträglichen staatsrechtlichen Bewertung. Doch lassen sich ohne diese viele Probleme mit dem Militär im Kaiserreich und im Übergang zur Weimarer Republik nicht verstehen. Außerdem ist neben der allgemeinen historischen Frage, „wie es denn gewesen?", die Wehrverfassung oder das Problem, wieviel Zentralheer, wieviel Kontingentsheer, eine der wichtigsten in einem zum Bundesstaat gewandelten Staatenbund. Die Wehrverfassungen 1867/71 stellen dabei die zentrale Phase in einem historischen Kontinuum dar, das vom Deutschen Bund bis zum Grundgesetz reicht und darüber hinaus Vorbild für Bündnisse und kollektive Verteidigung und Staatenbünde ganz generell ist. Schließlich greift auch hier das methodische Instrument des „Ausleuchtens durch die Sonne der Überspitzung". Die Frage, wieviel Reichsheer, wieviel Kontingentsheer? erfordert also auch nach 150 Jahren eine Untersuchung.

In der wissenschaftlichen Bewertung zeichnen sich deutlich zwei Hauptrichtungen ab, nämlich die den Reichs- und Einheitscharakter betonende Position und die mehr föderalistische Position mit der Betonung auf dem Status der Landesfürsten und Senate und demzufolge auch des Kontingentcharakters der Heeresverfassung.[311]
Zur Annahme eines Reichsheeres neigen nicht nur „Klassiker" der zeitgenössischen Staatsrechtslehre wie Albert Haenel, Georg Meyer, Hermann Schulze und Philipp Zorn, sondern auch mehrheitlich die Verfasser von einschlägigen Dissertationen[312] und speziellen Monographien. Unter letzteren ragt Friedrich Brockhaus heraus mit einer

---
[311] Darstellung des Streitstandes der zeitgenössischen Literatur bei Brockhaus, S. 14, Haenel, S. 89, 528-530, Jost, S. 4, Laband, S. 5-7, Vorwerk, S. 33f.
[312] Z.B. Doering, Gau, Hallbrock, Jaenisch, Mende, Tepelmann.

äußerst gründlichen Analyse, mit der sich dann alle späteren Autoren auseinandersetzen müssen.

Demgegenüber betonen die Anhänger der Kontingentsposition im Wesentlichen die historische Entstehung des Reiches aus den weitgehend autonomen Staaten des Deutschen Bundes, denen die Verfassung nur so viel von ihren Rechten und ihrer Wehrhoheit genommen habe wie erforderlich war, um ein genügend starkes Reich und ein weitgehend einheitliches Heer zu schaffen. Hauptvertreter der Position sind der wahrscheinlich dominanteste Staatsrechtler des Kaiserreiches, Paul Laband, der als erster die Wehrverfassung ausführlich und systematisch untersucht hat und sich durch Brockhaus zu zwei Repliken genötigt sah, und andere bekannte Staatsrechtler des Kaiserreiches, z.B. Gerhard Anschütz und Max von Seidel.

Naheliegende Versuche einer vermittelnden Position, so vor allem Walter Felix Mueller mit seiner Definition „Bundesstaatliches Heer" und - bei Betonung der Reichskomponente - tendenziell auch Hugo Jost haben demgegenüber keine große Resonanz erzielt.[313]

Die Reichsverfassung selbst schwankt gesetzgebungstechnisch zwischen allgemeinen, leitenden Grundsätzen und kasuistischen Aufzählungen[314] und ist auch inhaltlich widersprüchlich formuliert. So benutzt sie für das Heer die scheinbar den Reichscharakter und die Einheit betonenden Begriffe „Reichsheer", „Deutsches Heer", „Landmacht des Reiches" und „einheitliches Heer". Dabei bedeutet der Wortsinn von „einheitlich" aber keineswegs Einheitsheer oder gar „Reichsanstalt",[315] wie der Vergleich mit „einheitlich" zwar bei der Kriegsmarine, Art. 53 Abs. 1, aber der damit verglichen keineswegs einheitlichen Handelsmarine, Art. 54, zeigt. Auch „Reichsheer" oder „Bundesheer" sind nicht eindeutig, da beide Begriffe auch genauso für ein aus Kontingenten zusammengesetztes Heer gebraucht werden (können).[316] Daneben verwendet die Verfassung aber auch die „föde-

---

[313] S.u. S. 102.
[314] Laband, S. 11; Mende, S. 1.
[315] Brockhaus S. 7-10, Mueller, S. 81f.
[316] So im „alten" Reich und im Deutschen Bund; deshalb hilft auch die authentische Interpretation der Konventionen mit den süddeutschen Staaten nicht weiter: „als Theil des Deutschen Bundesheeres", Art. 1 der Konvention mit Württemberg, und „einen in sich geschlossenen Bestandtheil des Deutschen Bundesheeres", § 5, Nr.

ralistischen" Begriffe „Kontingente der Einzelstaaten" und „eigene Truppen der Bundesfürsten und Senate".[317] Nach Laband liegt die Diskrepanz an der Formulierung „von militärischen Sachverständigen und nicht Juristen",[318] wobei er allerdings übersieht, dass der Hauptautor Bismarck Jurist war. Gerade daraus dürfen wir aber schließen, dass dieser viele Unklarheiten bewusst in Kauf genommen hat. Die Formulierung einer Verfassung ist kein abstrakter und rechtstheoretischer systematischer Akt. Sie ist vielmehr der Fokus einer dynamischen, historischen Entwicklung, wobei ein gewachsener, pragmatisch, politisch und ökonomisch entstandener Zustand in rechtliche Kategorien zu bringen ist. So ist sie in der Regel ein Kompromiss aus unterschiedlichen Interessen und ein Aushandeln einzelner Regelungen. Dies ist gerade bei der Verfassung des Norddeutschen Bundes/Deutschen Reiches gut zu erkennen. Die Verfassungsväter standen vor der Herkules-Aufgabe, aus den antagonistischen Interessen Einheit und starkes Reich einerseits und Fürstenmacht, föderalistische Tradition und Kleinstaaterei andererseits, aber auch Furcht vor der Dominanz Preußens und seinem obrigkeitsstaatlichen System ein funktionierendes Gebilde zu formen. Hierfür waren Kompromisse notwendig und die Verfassung musste „breve et obscure" (de Gaulle für die Verfassung der 4. Republik) sein, damit die unterschiedlichen Akteure jeweils für ihre Position das Passende herauslesen konnten. Dies erklärt, warum in der Wehrverfassung so verschiedenartige, „eigentlich" widersprüchliche Begriffe und Regelungen zu finden sind.

Die angesprochenen Streitfragen wären allerdings dann relevant, wenn in einem (Verfassungs)Streit eine systematische Auslegung und Entscheidung erforderlich geworden wäre. Hierzu ist es im Kaiserreich nicht gekommen.[319] Es gab keine Verfassungsgerichtsbarkeit und nur eine sehr rudimentäre Zuständigkeit des Bundesrates für öffentlich-rechtliche Streitigkeiten „zwischen ... Bundesstaaten", Art. 76 Abs. 1. Abgesehen davon, dass Meinungsverschiedenheiten zwi-

---

III. Beitrittsvertrag mit Bayern, der hier verwendete Begriff „Bund" ist kein Gegensatz zu „Reich", weil Verfassung und Reich noch nicht bestanden.
[317] Haenel, S. 489; Mueller, S. 81.
[318] Laband, S. 11.
[319] Loening, S. 13.

schen Löwe und Maus in der Regel keinen Richter brauchen,[320] waren aber auch die praxisrelevanten Punkte durch die Verfassung und die Konventionen klar festgelegt. So widersprechen sich beide Schulen nur in der Theorie und nicht in der Praxis. Etwas kritisch-ironisch wird deshalb der Meinungsstreit von Fritz Marschall von Bieberstein zusammengefasst:[321] Wer die Frage Reichsheer oder Kontingentsheer „kühl und objektiv anschauen wollte, wird vermutlich „charakterlos" genug sein, beide Auffassungen für möglich zu halten, da der bestehende Rechtszustand … Spuren der einen wie der anderen Rechtsnatur aufweist. Ob man die Ansätze zu einem Einheitsheer nun zusammensuchen und zum Prinzip erheben will … oder ob man umgekehrt in der Kontingentsverfassung … die Regel erblicken will, ist letzten Endes Geschmackssache: vom logischen Standpunkt aus lässt sich schließlich jede der beiden Konstruktionen durchführen."[322]

Dies zeigt die Grenzen des Instrumentes „Staatsrecht" auf, das Heer im Kaiserreich zu charakterisieren. Die Frage darf deshalb nicht lauten, „wie sollte es sein?", sondern „wie ist es?". Auf dieser Basis kann die Bewertung nur nach dem „Empfängerhorizont" und der „Parallelwertung in der Laiensphäre" erfolgen. Wir müssen also „die Praxis als Helferin"[323] nehmen: d.h. wie ist das Erscheinungsbild des Heeres? Und was stellt sich ein unbefangener Betrachter oder gar ein späterer Kriegsgegner unter einem einheitlichen Reichsheer und einem Kontingentsheer vor? Beides kann dann an idealtypischen Modellen oder typischen Beispielen, etwa dem Bundesheer des Deutschen Bundes als fast „klassischem" Kontingentsheer einerseits oder der Reichswehr als (fast unitarischem) Reichsheer andererseits gemessen werden.[324]

Danach sprechen für ein Reichsheer[325] die eigentliche Militärsouveränität mit Kriegserklärungs- und damit Kriegsführungsrecht, d.h. nur das Reich kann die Streitkräfte zu ihrem eigentlichen Zweck verwenden. Das Reich hat weiter die ausschließliche Gesetzgebungs- und

---

[320] Theoretisch Schiedsverfahren vor dem Bundesrat nach Art. 76 Abs. 2 möglich.
[321] Marschall, S. 556.
[322] Marschall, S. 576, selbst allerdings Anhänger der Kontingentstheorie, S. 576f.
[323] Formulierung Marschall, S. 588; sinngemäß auch Hartung, S. 275.
[324] Haenel, S. 529 einerseits und andererseits Vorwerk, S. 19f, 24.
[325] Jost, S. 92-96; Laband, S. 5; Tepelmann, S. 23f.

Aufsichtszuständigkeit für das Militärwesen. Der Wehretat ist Teil des Reichshaushaltes. Der Kaiser hat Befehl, Organisationsgewalt und Inspektionspflicht und schließlich besteht das Einheitsgebot, insbesondere für Bekleidung, Bewaffnung und Ausbildung.

Gegen die Annahme eines „Reichsheeres" sprechen aber zwei Aspekte. Das ist erstens der Sonderstatus Preußens, auf den noch einzugehen ist. Zweitens sind es die Begriffe Kontingente und Kontingentsherren in der Verfassung und im Sprachgebrauch, wobei allerdings zu klären ist, für welche Länder diese (noch) gelten:[326] Danach sind die Befugnisse der Landesherren durch das Reich zwar eingeschränkt, sie bleiben aber Subjekte der Militärhoheit.[327] Somit ist die Wehrhoheit auf Reich und Landesherren verteilt. So hat auch das Reichsgericht in einem Grundsatzurteil entschieden.[328] Dies stellt die verklausulierten Bestimmungen der Reichsverfassung dahin klar, dass der Militärfiskus ausschließlich Reichsfiskus ist, aber mangels Reichsmilitärverwaltung die Kontingentsverwaltungen mit Wirkung für das Reich handeln (müssen).[329] Die Besonderheit dieser Entscheidung ist, dass hierzu „der Herr Reichskanzler" (Bismarck) eine Stellungnahme abgeben musste. Darin geht er in authentischer Interpretation „davon aus, daß die Reichsverfassung ... die Militärhoheit der Einzelstaaten nicht beseitigt und denselben insbesondere die Verwaltung der Heeresangelegenheiten belassen hat."[330] Allerdings stellt er auch fest, dass die Armee des Königs von Preußen „in das Bundesheer übergegangen ist" und er sowie das Reichsgericht vermeiden die Festlegung auf eine der streitigen Gesamtdefinitionen.

Das Heer des Kaiserreiches ist also kein Reichsheer im staatsrechtlichen Sinne.[331] Folgerichtig war auch die Bezeichnung „Kaiserliches Heer" tabu - als Bismarck diesen Begriff im Reichstag unbedacht ge-

---

[326] Brockhaus, S. 5; Gümbel, S. 4.
[327] Echte materielle Rechte, nicht nur „nudum jus", Jost, S. 96; Laband, S. 6f; s.o. S. 49ff.
[328] Urteil des Reichsgerichts vom 9.3.1888, Archiv für öffentliches Recht, IV. Band, Freiburg 1889, S. 147-167, S. 150f.
[329] „was jeder staatsrechtlichen Konstruktion spottet", Doehring, S. 43f; aber h.M.; z.B. Brockhaus S. 24-36, insbes. 29, 31, 35, 126f; Thudichum, S. 390. Erscheint heute nicht mehr so problematisch (Auftragsverwaltung?).
[330] Urteil des Reichsgerichts vom 9.3.1888, S. 150.
[331] Jost, S. 95f; Laband, S. 5; Mueller, S. 80; Vorwerk, S. 28, 31.

braucht hatte, musste er vor einem Entrüstungssturm zurückrudern.[332]

Es würde sich danach im Grundsatz um ein Kontingentsheer handeln. Die Frage ist allerdings, ob und für welche Länder dieser Kontingentsbegriff (noch) zutreffend ist:
Die verbliebene Kontingentsherrlichkeit sieht in der Tat, soweit Militärkonventionen mit Preußen geschlossen wurden, dürftig aus. Das gilt offensichtlich für die Länder mit Militärkonventionen der ersten Version, deren Truppen vollständig im preußischen Heer aufgegangen sind. Hier kann vernünftigerweise nicht mehr von „landesherrlichen Rechten" und einem „Kontingent" gesprochen werden. Ähnlich ist es mit den Konventionen der zweiten Version, wo zwar die Sichtbarkeit des „Kontingents" nach Namenszusatz, besonderen Abzeichen, Farben und Fahnen usw. irgendwie erhalten bleibt, aber auch alle wichtigen Rechte und Funktionen auf Preußen übertragen sind. In beiden Fällen bleiben den Landesfürsten als Rechte nur „Restposten". In der offiziellen Darstellung wird unter dem Oberbegriff „In preußischer Verwaltung stehend" unterschieden zwischen „Preußen" und „Übrigen Bundesstaaten".[333] In beiden Versionen würde kein neutraler Betrachter annehmen, es mit „Kontingenten" zu tun zu haben - nach Regionen oder Waffengattungen unterschiedliche Abzeichen gibt es auch in unitarischen Heeren. Stattdessen ist also ein einheitliches und mit Reichselementen stark verwobenes großpreußisches Heer entstanden.[334]

Damit bleiben nur die anderen Königreiche (Sachsen, Württemberg und Bayern sowie Preußen als Sonderfall). Doch ist der Status von deren Heeren gleichfalls schwierig zu beurteilen. Diesen wurden Sonderrechte gegenüber dem Reich/Bundesfeldherrn/Kaiser zugesichert

---

[332] Miller, S. 23.
[333] Hein, S. 26f und hierunter aufgeführt die Länder beide Mecklenburg, Oldenburg, Braunschweig, Anhalt, Thüringische Staaten, Baden, Hessen mit der Fußnote: „Die Mannschaften der in dieser Spalte nicht genannten Bundesstaaten werden in preußische Regimenter eingestellt, bilden dort aber meist besondere Bataillone etc".
[334] „tatsächlich zwar sehr einfacher, juristisch aber sehr komplizierter Rechtszustand", Laband, S. 9, Schulze, 431-433.

und vor allem aber haben alle drei eine eigene Militärverwaltung (Kriegsministerium). Zwar gehen die Sonderrechte nicht so weit wie es zunächst scheint. Auch die Königreiche haben, bis hin zum Bayrischen König, kein Recht zum selbständigen Gebrauch ihres Kontingentes (eigene Kriegsführung) und die Rahmenregelungen von Verfassung und Reich sowie ihre Konventionen zielen als Ratio auf eine Vereinheitlichung auf preußische Standards.

Sie haben somit weit weniger Rechte als die Kontingente z.B. im Deutschen Bund. Es könnte deshalb angezweifelt werden, ob es sich noch um echte Kontingente im materiellen Sinne handelt.[335] Sieht man eigenen Befehl und Haushalt als die maßgeblichen Kriterien hierfür, bliebe nur noch Bayern mit seinem im Frieden organisatorisch eigenständigen Heer als Kontingent. Wertet man aber - augenscheinlich mit Bismarck[336] - die eigene Militärverwaltung als Hauptentscheidungskriterium, sind auch die Heere Sachsens und Württembergs (echte) Kontingente. Dies wird natürlich bestätigt, wenn der Status an der Weimarer Reichsverfassung[337] oder gar der Wehrmacht gemessen wird.

---

[335] Brockhaus, S. 215-233; beipflichtend zitiert von Gau, S. 49, Jaenisch S. 58 und Tepelmann, S. 57.
[336] Herrschende Meinung, z.B. Gümbel S. 24.
[337] Raesch, S. 8; Vorwerk S. 51f.

Der militärische Status der Gliedstaaten kann also in sechs unterschiedliche Typen zusammengefasst werden:

Kriterium	Verfassung	Norddt. Staaten	Sachsen, Württ.	Bayern	Preußen	Elsaß-Lothr..
Befehl	R	R	R	(L)	=	R
Personalhoheit	(L)	Pr	(L)	L	L	R
Erscheinungsbild	Pr	Pr	Pr,(L)	L	L	Pr
Verwaltung	L	Pr	L	L	L	Pr
Haushalt	R	R	R	L	R	R

Abkürzungen: *R Reich*   *L Land (Bundesstaat)*   *Pr Preußen*   *( ) eingeschränkt*
                = identisch

Der erste Typ, die Verfassung, ist nirgendwo verwirklicht; der zweite Typ, die norddeutschen Kleinstaaten, geht ohne eigene Bedeutung im fünften Typ, Preußen, auf und das „Reichsheer Elsaß-Lothringen" ist, mit preußischer Verwaltung, ein atypischer Sonderfall. Somit besteht das Heer des Kaiserreiches aus vier Komponenten mit wesentlichen Länderzuständigkeiten, nämlich dem (Groß)Preußischen, dem Sächsischen, dem Württembergischen und dem Bayrischen Heer.[338]

Ist dieser Zustand mit „Kontingentsheer" treffend zu beschreiben? Für die Armeen Sachsens, Württembergs und Bayerns ist zwar die Bezeichnung Kontingent wie gezeigt letztlich berechtigt. Gegen die Gesamtbewertung „Kontingentsheer" sprechen aber zwei gewichtige Argumente:
Das ist zunächst der quantitative Aspekt: Mit ihren sechs Korps von 23 stellen die übrigen Königreiche nur gut 25% der Truppenstärke,[339] d.h. ihre Kontingente sind auch zusammen „eigentlich" zu klein, um die Gesamtcharakterisierung als „Kontingentsheer" zu rechtfertigen.
Entscheidend hierfür ist also, ob das preußische Heer, die Masse des Heeres, selbst als Kontingent zu werten ist. In der Tat ist vieles, was

---

[338] Laband, S. 9.
[339] S.o. S. 89f.

als „einheitlich" und „Reich" erscheint, in Wirklichkeit preußisch. Entgegen den etwas euphemistischen Ausführungen Bismarcks gegenüber dem Reichsgericht[340] hatte Preußen sein Heer keineswegs dem Bund/Reich überlassen, sondern fest in preußischen Händen gehalten. So ist die Stellung Preußens gegenüber der Reichsgewalt weit stärker als in der Paulskirchen-Verfassung. Die Stellung des preußischen Königs als Kaiser und Bundesfeldherr in Personalunion, der Referenzcharakter des preußischen Heeres in Organisation, Uniform, Bewaffnung und Ausstattung, der preußische „Große Generalstab" sowie das faktische Monopol der preußischen Militäradministration (Kriegsministerium) verwischen bereits in der Verfassung und noch mehr in der Praxis die Grenzen zwischen dem preußischen Heer zu einem Reichsheer bis zur Unkenntlichkeit: „Die quoad jus getrennten Befugnisse fließen quoad exercitium wieder zusammen."[341] Zudem hat Preußen seine Hegemonialstellung durch seine Konventionspolitik weiter gestärkt. Dieses Instrument hat über die Reichsverfassung hinaus eine entscheidende Vereinheitlichung des Heeres erzwungen: So hat es mit Ausnahme der Königreiche faktisch die Kontingente beseitigt und so das Leitbild der Verfassung ausgehebelt.[342] Dies ist natürlich eine Vereinheitlichung, aber eine Integration in das preußische Heer, also eine Borussifizierung, die (nur) wegen der Dominanz Preußens im Reich als Verreichlichung erscheint. Dieser Unterschied wird oft nicht klar genug herausgearbeitet und führt zur Überbewertung des Reichscharakters.

Somit hat Preußen einen ausgeprägten Zwitter-Status. Es ist auf Grund seiner Größe und seiner Vermengung mit Reichselementen[343] mit dem Wortsinn Kontingent nicht mehr zu fassen.[344] Das preußische Heer ist also nicht etwa auf das Reich übergegangen, es ist vielmehr das eigentliche Heer des Reiches, ein „reichs-preußisches Heer",

---

[340] S.o. S. 97.
[341] Laband, S. 8; Deduktion mit Vergleich zur Paulskirchen-Verfassung Schulze, S. 431-433.
[342] Laband, S. 9.
[343] Haenel, S. 521; Laband, S. 8; Schulze, 431-433; s.o. S. 37, 47ff, 70f.
[344] Das macht ein Vergleich mit dem Norddeutschen Bund deutlich: das Preußische Heer dürfte bei den dortigen Größenverhältnissen wohl nicht als „Kontingent" bezeichnet werden.

das die militärischen Kompetenzen der anderen Länder und des Reiches quasi aufgesaugt hat, und das durch die Kontingente Sachsens, Württembergs und Bayerns (nur noch) „angereichert" wird. Sehr entlarvend in diesem Sinne ist auch Art. 1 der Konvention mit Baden, das Badische Heer als „unmittelbarer Anteil der Deutschen, beziehungsweise der Königlich-Preußischen Armee".[345]

Die Kontingentskomponente ist somit für das Heer des Kaiserreiches nicht prägend. Dies gilt insbesondere für die Sicht „neutraler" Beobachter, die nicht ins Staatsrecht „einsteigen" und „das preußische Reichsheer" als bestimmend wahrnehmen. Das Heer des Kaiserreiches kann damit auch nicht als Kontingentsheer bewertet werden.[346]

Auch die vermittelnde Meinung, Bundesstaatsheer,[347] ist nicht zutreffend, da abgesehen von der Mitwirkung im Reichsorgan Bundesrat keine Gestaltungsrechte der Bundesstaaten bestehen. Diese Theorie hat auch keinen Anklang in der Literatur gefunden.

Es ist damit unmöglich, die vielgestaltige Natur des Heeres und die Bandbreite der hochkomplexen Wehrverfassung des Kaiserreiches mit einem Begriff zu erfassen. Soll das Heer des Kaiserreiches (trotzdem) mit einem staatsrechtlich-politischen Schlagwort klassifiziert werden, bleibt (nur) der unumstrittene Ausweich- bzw. Oberbegriff, der auch am häufigsten von der Verfassung, einigen Konventionen und dem allgemeinen Sprachgebrauch verwendet wird:[348] Mit der Reichsgründung 1871 ist das „Deutsche Heer" entstanden. Für das gesamte „Militär" im Kaiserreich ergibt sich somit rechtlich und begrifflich die Trias: Kaiserliche Marine, Kaiserliche Schutztruppe, aber Deutsches Heer.

---

[345] s.o. S.74.
[346] Neugebauer, S. 396; Vorwerk, S. 31.
[347] So die Monographie von Mueller, explizit S.80-82; abgeschwächt Jost, insbesondere S. 96; dagegen Laband S. 4-7, explizit FN2.
[348] Z.B. Art. 60, 61 Abs. 2, 62 Abs. 1, 63 Abs. 1-3,5 und Hein, Titel: Das kleine Buch vom Deutschen Heere.

g) „militärisch-technische" Einheit – Verreichlichung im Kaiserreich

„Der Historiker wird sich in den Streit, der von den Juristen mit viel Scharfsinn geführt worden ist, ... nicht einmischen und statt die Frage zu beantworten in welche staatsrechtliche Kategorie die geschichtliche Erscheinung des Deutschen Reiches einzuordnen sei, lieber dessen lebendige Wirklichkeit schildern."[349] In der Tat ist das bisher Gesagte eine „Momentaufnahme" in der Phase der Reichsgründung und der Politik der ergänzenden Militärkonventionen, die 1886, Konvention mit Braunschweig, endet. In der Verfassung war aber bereits eine Tendenz zur weiteren Vereinheitlichung und Verreichlichung angelegt. Dies gilt besonders für die Militärgesetze. So kam es nach und nach zum Ersatz der zunächst übernommenen preußischen bzw. verbliebenen bayrischen Militärgesetze nach Art. 61 Abs. 1 RV durch entsprechende Reichsgesetze.[350] Dies stärkte die Reichskomponente auf Kosten Bayerns und vor allem des preußischen Übergewichts zunehmend. Doch auch in der Praxis fand eine ständige Angleichung statt:

Personell erfolgte eine echte Durchmischung. Der faktische Austausch von Offizieren im preußisch dominierten Kontingent sowie der mit den drei Königreichen ausdrücklich vereinbarte trug viel zur weiteren Vereinheitlichung bei. Zwar besetzten preußische Generale und Stabsoffiziere überproportional Führungspositionen und preußische Offiziere wurden auch in die Kontingente der Kleinstaaten versetzt, die häufig den Bedarf an qualifizierten Offizieren nicht decken konnten. Andererseits waren bis 1914 25% der Offiziere in preußischen Verbänden Nicht-Preußen und konnten dort undiskriminiert Karriere machen.[351] Zunehmend waren auch Prinzen aus Herrscherhäusern Kommandeure bis hin zu Korps oder Armeeinspektionen, aber nicht als Landesherren, sondern in der militärischen Hierarchie

---

[349] Hartung, S. 275.
[350] Insbesondere Reichsmilitärgesetz 1874, Wehrgesetze 1871 und 1888. Auflistung weiterer Reichsgesetze Haenel, S. 525; Laband, S. 15-17; Sautter, Verfassungen, bei Art. 61 (S. 139f).
[351] Clark, S. 639; J. Hoffman, S. 196; Schmidt-Richberg, S. 53-56 mit Beispielen von Traumkarrieren insbesondere von württembergischen und bayrischen Offizieren.

(auch wenn ihnen bei der Karriere die Herkunft kräftig geholfen haben mag - noch im Weltkrieg führte dies zu deutlichen Qualitätsdefiziten). Außerdem galt im Militärwesen die Freizügigkeit, so dass nicht nur Offiziere und Unteroffiziere,[352] sondern auch Freiwillige und Wehrpflichtige ihren Dienst in anderen Ländern leisten konnten - besonders beliebt war bei Hannoveranern Sachsen, um Militärdienst in Preußen zu vermeiden.[353] So wurden auch die Probleme und Reibereien der Anfangszeit zugunsten eines Gemeinschaftsgefühls abgebaut, gefördert durch gemeinsame Ausbildung an Truppenschulen, Tätigkeit im Generalstab und gemeinsame Manöver.[354]

Aber neben den Reichsgesetzen und dem Personalaustausch wirkten auch die Innovationen vereinheitlichend:
Württemberg übernahm trotz seines Spielraums bei der Uniform 1891 den einreihigen preußischen Waffenrock.[355]

In der Bayrischen Armee wurde das bayrische Werdergewehr 1884 durch reichseinheitliche Waffen (zunächst Gewehr M 71/84, später G 88 und schließlich G 98) ersetzt;[356] bereits 1886 war der bayrische Raupenhelm durch die Pickelhaube abgelöst worden und alle Reitertruppen führten seit 1890 einheitlich die Stahlrohrlanze (zwar einheitlich, aber im Zeitalter von Maschinen- und Repetiergewehren nicht mehr auf dem Stand der militärischen Entwicklung).

1897 kam es zu einer Vereinbarung der vier Königreiche, einheitlich die Reichskokarde - neben der Landeskokarde - zu führen, was durch kaiserlichen Befehl umgesetzt wurde.[357]

Besonders typisch für diesen Trend war die schrittweise Einführung der einheitlichen feldgrauen Uniformen für das Reichsheer ab 1907 (1910 für Offiziere), was dann auch die hellblauen bayrischen Uniformen und das besondere Erscheinungsbild der Württemberger und Bayern verschwinden ließ bzw. auf besondere Kopfbedeckungen bei

---

[352] Zur Anwerbung preußischer Unteroffiziere von Bayern s.o S. 83.
[353] Neugebauer, S. 396f.
[354] J. Hoffmann, S. 198.
[355] S.o. S. 77 (Württemberg), S. 80 (Bayern).
[356] Fuchs, S. 81; Abb. Hein, S. 140; Neugebauer S.432; s.o. S. 83.
[357] „An mein Heer", zum 100. Geburtstag von Wilhelm I; Schmidt-Richberg, S. 54; Übersicht über die 20 verwendeten Kokarden Hein, Anhang, Tafel XVII, also eigene Kokarden auch für „gleichgeschaltete" Zwergstaaten!

wenigen Verbänden und die nach Art. 63 Abs. 2 RV gestatteten „äußeren Abzeichen" (die bereits erwähnten Kokarden, Koppelschlösser, Schulterklappen, Helmverzierungen) beschränkte.[358] So wurde bis 1914 zumindest die Infanterie fast einheitlich feldgrau und das Deutsche Heer war zu einer „militärisch-technischen Einheit"[359] zusammen gewachsen.

Schließlich kehrte sich auch das Verhältnis Preußen - Reich um. Reichsämter mit Staatssekretären nahmen zunehmend die Funktion von Reichsministern wahr und nahmen auch an preußischen Kabinettssitzungen teil und Reichsbeamte erhielten immer mehr Einfluss im Reich, aber auch in preußischen Organen - „Preußen ging in Deutschland auf".[360] Auch ohne Kriegsministerium wirkte sich dies über die gehobene Verwaltungstätigkeit auch auf das Kriegswesen aus. So näherte sich äußerlich und organisatorisch das „einheitliche Heer" immer mehr einem echten Reichsheer an: „marschierte 1914 ein einheitlich ausgebildetes und feldgrau uniformiertes Reichsheer" (sic) in den Krieg.[361]

Im Weltkrieg verschwanden schließlich fast alle sichtbaren Eigenständigkeiten und Traditionen im endlich einheitlichen kaiserlichen Befehl und den Gesetzen des Maschinenkrieges. Intern allerdings streben die Kontingentsherrn nach dem geschlossenen Einsatz ihrer Kontingente und auch rechtlich, z.B. Vereidigung, blieb der Kontingentscharakter erhalten. Auch die Tätigkeit der vier Kriegsministerien musste mühsam koordiniert werden (u.a. Gründung von Kriegsamt und Waffen- und Munitionsbeschaffungsamt, WuMBA, 1916). So wirkte bis zuletzt neben Kaiser und Reich „in mannigfacher Zuständigkeit die Staatsgewalt der Einzelstaaten".[362]

---

[358] Fuchs, S. 82f; Schmidt-Richberg, S. 54; s.o. S. 48ff (51); Aufzählung sämtlicher Uniformstücke und Abzeichen Hein, S. 236-270; eindrucksvolle Momentaufnahme der Uniformvielfalt um 1900, aber Vereinheitlichungstendenzen bei Gewehr, Stiefeln und Tornister, Hein, Anhang, Tafeln II-VII.
[359] Begriff Laband S. 5, prägend geworden und allgemein übernommen.
[360] Zitat „eigentlich" Friedrich Wilhelm IV im März 1848, aber gern übertragen: Born, S. 226; Clark, S. 635-638.
[361] J. Hoffmann, S. 199.
[362] Jost, S. 96.

8. „Verreichlichung" als politisch-historische Gesetzmäßigkeit - die Wehrverfassungen der Weimarer Republik und der Bundesrepublik

Mit der „Weimarer Republik" erledigten sich durch den Sturz der Fürsten und den Wegfall des monarchistischen Elementes alle landesherrlichen (Kontingents)Rechte einschließlich der preußischen, das föderative Wehrrecht und überhaupt alle Regelungen der Konventionen. So konnte der Reichspräsident anordnen: Hiermit „sind alle Teile der Wehrmacht des Reiches meinem Oberbefehl unterstellt. ... Gleichzeitig ist die Heeresverwaltung auf das Reich übergegangen und hat die Selbständigkeit der Heeresverwaltungen der einzelnen Länder aufgehört."[363]

Während die Reichsverfassung von 1871 - neben Marine und einigen Einzelregelungen - einen eigenen Abschnitt zum „Reichskriegswesen" enthielt, verwendet die Reichsverfassung von 1919[364] zwar auch den Begriff der Wehr„verfassung"[365] (Art. 6 Nr. 4 und 79 WRV), ist aber bei deren Formulierung sehr zurückhaltend und begnügt sich mit wenigen verstreuten Einzelbestimmungen:

Ausschließliche Zuständigkeit des Reiches (Gesetzgebung, Art. 6 Nr. 4, und Generalzuständigkeit, Art. 79 Satz 1); der (bedingten) Wehrpflicht, alsbald durch den Versailler Vertrag gegenstandslos geworden, Art. 133 Abs. 2; Vereidigung auf die Verfassung, Art. 176 WRV; Fokussierung der Begrifflichkeit auf „Verteidigung", Art. 79; der Begriff „Wehrmacht" als Sammelbezeichnung für das gesamte Militär, Heer und Marine, die keinen verfassungsmäßigen Sonderstatus mehr hat, Art. 47, 176 WRV, § 1 Abs. Reichswehrgesetz vom 23. März 1921.

Der Reichspräsident, „Ersatzkaiser", hat zwar den „Oberbefehl" über die gesamte Wehrmacht, Art.47; seine Amtshandlungen bedürfen

---

[363] Verordnung des Reichspräsidenten vom 2.8.1919, RGBl. 1919, S. 1475.
[364] Verfassung des Deutschen Reiches vom 11. August 1918; abgedruckt bei Sautter, Verfassungen, S. 145-183, zukünftig abgekürzt WRV; in diesem Abschnitt zitiert ohne Benennung der Verfassung.
[365] zur Definition allgemein s.o. S. 7f; Trotz dieser Konstitutionaldefinition auch hier die Gesamtheit aller Gesetze, die das Militär regeln, insbesondere „Reichs-Wehrgesetz" vom 23. März 1921; Anschütz, Art. 79 Anm. 1.

aber „auch auf dem Gebiete der Wehrmacht" der Gegenzeichnung, sind also der demokratischen Kontrolle unterworfen; Ernennung aller Offiziere durch den Reichspräsidenten, Art. 46; die Eidesformel lautet: „Ich schwöre Treue der Reichsverfassung und gelobe…, daß ich dem Reichspräsidenten und meinen Vorgesetzten Gehorsam leisten will" (Art. 176 WRV, VO des Reichspräsidenten vom 14.8.1919), an erster Stelle steht also die Verfassung, an Stelle des Kaisers tritt der Reichspräsident und die Landesfürsten entfallen und schließlich Einsatz der Wehrmacht für Sicherheit und Ordnung durch den Reichspräsidenten, Art. 48 Abs. 2.

Nicht ausdrücklich genannt, aber vorausgesetzt ist der - begrifflich nicht korrekt - „Reichswehrminister". Unter dem Reichspräsidenten übt er „Befehlsgewalt über die gesamte Wehrmacht aus", § 8 Abs. 2 RWehrgesetz, ist also nicht mehr nur für die Militärverwaltung zuständig, sondern auch militärischer Befehlshaber.[366]

Generell erfolgten eine weitere Verlagerung des Kraftzentrums auf das Reich und insbesondere ein weiterer entscheidender Schritt zur Verreichlichung und Vereinheitlichung des Militärs.

Die Abschaffung der Reservatrechte verlief indes nicht reibungslos.[367] Voraus gingen Verhandlungen zwischen dem Reich und den Ländern Preußen, Bayern, Württemberg und Sachsen, die zur „Weimarer Vereinbarung"[368] führten: „daß unter Aufhebung aller unter ihnen und mit dem Reiche bestehenden Verträge, Abmachungen und Reservatrechte auf dem Gebiete des Heerwesens das künftige Reichswehrgesetz die vollkommene Einheitlichkeit des deutschen Heerwesens gewährleisten muß". So platzte der bayrische Traum einer „Reichswehr in Bayern" mit der Übernahme des Bayrischen Heeres durch den Reichspräsidenten.[369] Als Reminiszenz an den früheren Wehr-Föderalismus werden aber die „Berücksichtigung der landsmannschaftlichen Eigengesetzlichkeiten" vorgeschrieben, Art. 79 Satz 2,

---

[366] Reiner Wohlfeil-Hans Dollinger, Die Deutsche Reichswehr, Wiesbaden 1977, S. 62-69.
[367] Zur - nicht reibungsfreien - Entstehungsgeschichte Hüsing, Wehrverfassung S. 37f; Raesch, Wehrverfassung, S. 49.
[368] Zitiert nach Raesch, S. 8, m.w.N.
[369] Am 25.8.1919, Fuchs, S. 96.

sowie weitere Sonderrechte im Wehrgesetz, §§ 12-17, verankert. Dies geht über bloßes administratives Ermessen hinaus, sondern war bei der militärischen und administrativen Gliederung der Reichswehr ebenso zu beachten wie bei der Stationierung der Soldaten und der Zuordnung der Offiziere. Nach § 12 konnten auf Verlangen der Länder „Landeskommandanten" mit Auswahl aus den jeweiligen Heimatländern bestellt werden, was in Bayern, Württemberg, Baden und Hessen erfolgt ist. Sie sind als solche keine Kommandeure und keine Landes-, sondern Reichsorgane, sollen aber als Vertrauensmann des Landes wirken und die landsmannschaftlichen Interessen befördern.[370] Auch waren in den Ländern - über die Reichsverfassung von 1871 hinaus - nach Möglichkeit geschlossene Verbände zu bilden, deren Offiziere, Mannschaften und Beamte aus dem Land stammen und im Land ihrer Stammeszugehörigkeit ihren dauernden Standort erhalten sollten, § 14 WG. Noch weiter gingen die Sonderrechte Bayerns: alle dort eingesetzten Truppen bildeten einen eigenen Verband, die 7. Infanterie-Division, und der bayrische Landeskommandant war zugleich Befehlshaber dieser Division.[371] Auch wenn dies die Befugnisse des Reiches/des Reichspräsidenten rechtlich in keiner Weise einschränkte, spielte diese Extrawurst doch bei den Vorgängen 1923, insbesondere dem „Umfeld" des Hitler-Putsches, eine ungute Rolle.[372] Bei der Eingliederung des bayrischen Kontingentes ergaben sich dabei noch Probleme, weil in Ausbildung und Mentalität - höhere Bildungsstandards insbesondere bei den Offizieren - Unterschiede bestanden, die die gerechte Einreihung in die Reichswehr erschwerten.[373]

Damit war mit der Weimarer Reichsverfassung nicht nur eine einheitliche Wehrmacht, sondern auch eine echte Reichsstreitmacht durchgesetzt worden. Die letzten Reste, auch mental und in der Traditionspflege, beseitigten dann Nationalsozialismus und Zweiter Weltkrieg.

---

[370] Gusy, S. 184; Raesch, S. 63.
[371] Raesch, S. 64.
[372] Gusy, S. 184; Raesch, S. 64; Wohlfeil-Dollinger, S. 214-223.
[373] Neugebauer, S. 398.

In der Bundesrepublik Deutschland sind zwar Streitkräfte und Wehrverwaltung eindeutig dem Bund zugeordnet, Art. 87 a und b GG. Dabei erhält die Wehrverwaltung eigenständigen Verfassungsrang und die Marine wird erstmals nicht mehr in der Verfassung erwähnt. Doch trotz dieser eindeutigen Zuordnung war das föderalistische Element nochmals ein (kleiner) „Aufreger", weil auf dessen Berücksichtigung auch in der Wehrverfassung Teile der Koalition und die Länder großen Wert gelegt haben.[374] So musste das Grundgesetz mit Art. 36 Abs. 2, Rücksichtnahme der Wehrgesetze auf Ländergliederung und landsmannschaftliche Verhältnisse, doch noch ein Stück Föderalismus erhalten. Dies verstand sich in der Tat nicht nur als Landesegoismus und Kirchturmpolitik, vielmehr sollten gleiche Herkunft, gleiche Mentalität und gleicher Dialekt auch heute noch der Moral, der Kameradschaft und der Disziplin nützen. Auch sollte das Heimatprinzip darüber hinaus die Integration der Soldaten in Region und Bevölkerung fördern und heimatferne Verwendungen vermeiden (ganz abgesehen von ersparten Reisekosten und Zulagen).[375] Schließlich bringt die Harmonisierung der militärischen Territorialorganisation mit Ländergrenzen und Verwaltungsbereichen erhebliche administrative Vorteile. Dies ist, gemessen an Art. 79 der WRV, zwar eher wieder ein kleiner Rückschritt. Es erfolgt aber in den ausgestaltenden Wehrgesetzen keine vergleichbare Spezifizierung mehr, so dass nochmals ein Schritt zur „Verreichlichung" vorliegt.

Dieser föderale „Restposten" war insbesondere bei der Aufstellung der Bundeswehr, aber auch jeder Neustruktur, juristisch, nicht nur politisch und administrativ, bei vielen Aspekten zu beachten.[376] So setzt er Maßstäbe und Grenzen bei der Gliederung von Bundeswehr und Verwaltung (z.B. der Bereiche von Wehrbereichskommandos, Territorialkommandos und deren Nachfolger mit Ländergrenzen),[377] der Dislozierung von Standorten, auch bei deren Schließung, sowie der Personalführung (Ausgewogenheit und Stationierung).

---

[374] S.o. S. 9; Entscheidungen II, BMVg (Hrsg.), Schriftenreihe Innere Führung, Heft 7, Bonn, 1975, S. 17; Stern, S. 861; MdB Merkatz zitiert nach Dieter Wiefelspütz, Das Parlamentsheer, Berlin 2005, S. 45.
[375] Jaeger, S. 38f; Schmidt-Richberg, S. 53.
[376] Maunz/Dürig, Art. 36 RN 44ff; von Münch/Kunig, Grundgesetzkommentar, 6. Aufl., Art. 36 RN 9; zu Vorteilen in Disziplin und Verteidigung Jaeger, S. 38 f.
[377] (für Bayern) Fuchs, S. 96.

Damit fand die Zentralisierung, die „Verreichlichung", des Militärs in Deutschland nach einem 150 Jahre andauernden Prozess ihren erfolgreichen Abschluss. Über den Untersuchungsgegenstand hinaus zeigen Verlauf und Dauer dieses Prozesses die zähe und nachhaltige Wirkung historischer Schlüsselfaktoren auf politische Entwicklungen, hier speziell des Föderalismus im Heerwesen. Mit der Monarchie als Rückgrat, konnte er letztlich nicht durch Reformen von Innen, sondern nur durch eine schwere Niederlage und revolutionsähnliche Veränderungen überwunden werden. So ist die Entstehung des „Deutschen Heeres" und der Reichswehr Paradigma für die Probleme und Widerstände, aber zugleich Herausforderung und Perspektive für gemeinsame Armeen bei zukünftigen Staatenzusammenschlüssen…

9. Ergebnisse/Thesen

1. In der spezifischen Situation Deutschlands im 19. Jahrhundert entwickelte sich aus dem Deutschen Bund von 1815 bis 1871 das kleindeutsche Kaiserreich unter preußischer Führung. Da beim Militär der Innovations- und Effizienzdruck am stärksten ist, sind Militär und Wehrverfassung Pioniere bei staatlichen Zusammenschlüssen. Dementsprechend entstand aus dem Kontingentsheer des Deutschen Bundes ohne Oberbefehlshaber ein einheitliches Deutsches Heer unter dem Befehl des Kaisers.
2. Motor dieser Entwicklung war Preußen, das traditionell bestrebt war, durch Konventionen, also Einzelverträge mit kleineren Nachbarstaaten, zumindest deren Militär unter seine Kontrolle zu bringen, wenn eine Annexion des Staates politisch oder moralisch untunlich war.
3. Die Reichsverfassung ist im Militärwesen - staatsrechtlich und politisch einzigartig - nirgendwo verwirklicht, sondern durch „verfassungsgestaltende" Einzelverträge, die Konventionen, modifiziert: in der Regel haben die norddeutschen Länder, Hessen und Baden ihre wesentlichen verfassungsmäßigen Befugnisse auf Preußen übertragen. Dagegen haben die Königreiche Sachsen, Württemberg und sehr weitgehend Bayern vom Bund/Bundesfeldherren bzw. Reich/Kaiser zusätzliche Rechte erwirkt. Die Wehrverfassung erlaubte also eine erhebliche Bandbreite, die „Grundlinie" der Reichsverfassung an die „speziellen Verhältnisse der Länder anzupassen".
4. Die Rechtsnatur des Deutschen Heeres - Reichsheer oder Kontingentsheer - ist in der Verfassung - mit Absicht - nicht festgelegt und bis heute umstritten. Das Reich bzw. der Kaiser als Reichsorgan haben zwar die allgemeine Wehrhoheit, die Gesetzgebungszuständigkeit für die Wehrgesetze, die Zuständigkeit für den Wehrhaushalt und - außer Bayern - den „Befehl" über das Heer. Das Reich hat aber keine eigene Militärverwaltung, die deshalb vom Preußischen Kriegsministerium wahrgenommen werden muss.
Daneben bestehen aber Truppen von Einzelstaaten und Rechte

der Landesherren und Senate fort, für die die Verfassung den Begriff Kontingente verwendet. Damit ist der Begriff Reichsheer für das Heer des Kaiserreiches nicht zutreffend.

5. Als Ergebnis der Konventionen ergeben sich für die Truppen der Bundesstaaten fünf, mit Elsaß-Lothringen sechs, Integrationsstufen in das einheitliche Heer. Allerdings können die in die Preußische Armee integrierten Truppen nicht mehr als Kontingente bewertet werden. Das Preußische Heer ist durch die Personalunion König - Kaiser, aber auch als Referenzmodell der Wehrverfassung, mit Reichsinstitutionen und -funktionen untrennbar verschmolzen. Der Kontingentsbegriff passt also nur auf Sachsen, Württemberg und Bayern. Deren Truppen machen aber zusammen nur etwa ¼ der Heeresstärke aus. Zudem fand auch schon vor 1914 eine ständige Angleichung und weitere Verreichlichung statt („militärisch-technische Einheit"). Damit ist auch die Bezeichnung als Kontingentsheer irreführend.

6. Die Wehrverfassung des Kaiserreiches ist so flexibel und vielgestaltig, dass die Rechtsnatur des Heeres weder mit Reichs- noch mit Kontingentsheer noch mit einem anderen, einem Verfassungsschema zuzuordnenden Begriff klassifiziert werden kann außer der auch alternativ in der Verfassung verwendeten Bezeichnung „Deutsches Heer".

7. Die zeitgenössischen Experten äußern sich positiv zu der Wehrverfassung des Kaiserreichs. Dies kann für die Zeit 1866/1871 nachvollzogen werden, als die vormals unabhängigen Staaten und Kontingente erst zum Bundesstaat/Reich und zum einheitlichen Heer gebracht werden mussten. Hier wurde um den Preis von Systematik und Transparenz ein vielleicht optimaler Kompromiss gefunden. Zwar findet in der Praxis eine ständige Verreichlichung statt. Doch auch dies überdeckt nur notdürftig die Probleme mit 27 verschiedenen Rechtsgrundlagen. Auch Preußen verhinderte bei seinem Selbstverständnis als institutionalisierter Hegemon eine echte Verreichlichung. So wirkten ab Ende des 19. Jahrhunderts die militärische Strukturen - wie auch das politische System insgesamt - antiquiert und reformbedürftig und der Föderalismus im Heer zeigte noch im Weltkrieg negative Auswirkungen.

8. Erst in der Weimarer Republik wurde dann das echte Reichsheer geschaffen; letzte föderalistische Elemente wirken aber bis heute - Art. 36 Abs. 2 GG - fort.
9. Jede historische Situation ist einmalig. So kann die Verfassung des Kaiserreiches sicher nicht als generelles Vorbild für andere Staatenverbindungen (NATO, EU, ...) gesehen werden. Neben einzelnen Details ist sie aber Paradigma für das in der typischen Konstellation - Zusammenschluss von Staaten verschiedener Größe mit ausgeprägtem Hegemon - Sinnvolle und Erreichbare.

Literaturverzeichnis

a) Literatur aus der Zeit von Norddeutschem Bund und Kaiserreich

Brockhaus, Friedrich, Das Deutsche Heer und die Kontingente der Einzelstaaten, Leipzig 1888.

Burhenne, Karl, Die Kontingentsherrlichkeit der Deutschen Landesherren, Dissertation, Berlin 1908.

Endres, Karl, Deutsche Wehrverfassung, Leipzig 1908.

Gau, Alfred, Die Kontingentsherrlichkeit nach deutschem Reichsrecht, Dissertation, Leipzig 1904.

Gümbel, Karl, Bundesfeldherrnamt und Militärhoheit nach deutschem Staatsrecht, München 1899.

Halbrock, Theodor, Einheitlichkeit des Reichsheeres und Kontingentsverfassung, Dissertation, Borna-Leipzig 1904.

Haenel, Albert, Deutsches Staatsrecht, Erster Band, Die Grundlagen des Staates und die Reichsgewalt, Leipzig 1892.

Hein (ohne Vornamen, Feuerwerks-Oberleutnant), Das kleine Buch vom Deutschen Heere, Ein Hand- und Nachschlagebuch zur Belehrung über die deutsche Kriegsmacht. Kiel und Leipzig 1901, unveränderter Nachdruck Augsburg 1998.

Jaenisch, Reinhold, Die Militärkonventionen und die Einheitlichkeit des Reichsheeres, Dissertation, Heidelberg 1907.

Jost, Hugo, Die staatsrechtlichen Theorien über die Natur des Deutschen Heeres nach der Reichsverfassung, Dissertation, Leipzig 1908.

Laband, Paul, Das Staatsrecht des Deutschen Reiches, IV. Band, 5. Auflage, Tübingen 1914.

Loening, Edgar, Grundzüge der Verfassung des Deutschen Reiches, Leipzig 1913.

Lindner, Theodor, Der Krieg gegen Frankreich 1870 - 71, Berlin 1895.

Marschall Freiherr von Bieberstein, Fritz, Verantwortlichkeit und Gegenzeichnung bei Anordnungen des Obersten Kriegsherrn, Berlin 1911.

Mende, Gottfried, Die Deutschen Militärkonventionen und die Reichsverfassung, Dissertation, Göttingen 1908.

Militärausschuß des gemeinschaftlichen Landtags der beiden Herzogtümer Coburg-Gotha, Bericht erstattet von dem Abgeordneten Friedrich Henneberg, Coburg 1861.

Militair-Gesetze des Deutschen Reiches mit Erläuterungen, herausgeben auf Veranlassung des Königlich Preußischen Kriegs-Ministeriums, Erster Band, Berlin 1877.

Miller, Edmund, Preußens Militär-Konventionen mit besonderer Berücksichtigung der Reservatrechte Bayerns, Württembergs und Sachsens, Stuttgart 1890.

Mueller, Walter Felix, Die Teilung der Militärgewalt, Dissertation, Leipzig 1905.

Napoleon III., Bemerkungen über die militairische Organisation des Norddeutschen Bundes, Berlin 1871.

Pröbst, Max von, Die Verfassung des Deutschen Reiches vom 16. April 1871, kommentierter Verfassungstext, 3. Aufl., München 1905.

Schulze, Hermann, Einleitung in das Deutsche Staatsrecht mit besonderer Berücksichtigung der Krisis des Jahres 1866 und der Gründung des Norddeutschen Bundes, Leipzig 1867.

Thudichum, Friedrich, Verfassungsrecht des Norddeutschen Bundes und des Deutschen Zollvereins, Tübingen 1870.

b) Literatur seit 1918

Anschütz, Gerhard, Die Verfassung des Deutschen Reiches vom 11. August 1919, 6. Auflage, Berlin 1927.

Born, Karl Erich, Von der Reichsgründung bis zum I. Weltkrieg, in: Gebhardt, Handbuch der Deutschen Geschichte, Band 3, 9. Aufl., Stuttgart 1973, S. 224-376.

Busch, Michael, „Gegen Demokraten helfen nur Soldaten", Militärgeschichte des Deutschen Bundes 1815 bis 1860, in: Neugebauer, Karl-Volker (Hrsg.), Grundkurs Deutsche Militärgeschichte, Band 1, München 2009, S. 218 - 301.

Clark, Christopher, Preußen, Aufstieg und Niedergang 1600 - 1947, 2. Aufl., München 2007.

Dietz, Andreas, Das Primat der Politik in Kaiserlicher Armee, Reichswehr, Wehrmacht und Bundeswehr, Tübingen 2011.

Epkenhans, Michael, Einigung durch „Eisen und Blut", Militärgeschichte im Zeitalter der Reichsgründung 1858 bis 1871, in: Neugebauer, Karl-Volker (Hrsg.), Grundkurs Deutsche Militärgeschichte, Band 1, München 2009, 302 - 377.

Ettmayer, Franz, Das Bundesheer des Deutschen Bundes als Folge des Wiener Kongresses von 1815, ÖMZ 6/2015, S. 698 – 707.

Fenske, Hans, Deutsche Verfassungsgeschichte vom Norddeutschen Bund bis heute, 3. erweiterte und aktualisierte Neuauflage, Berlin 1991.

Fiedler, Siegfried, Kriegswesen und Kriegsführung im Zeitalter der Einigungskriege, Bonn 1991.

Finke, Julian André, Koalitionskriegführung? Bayrische und Preußische Kontingente im Deutsch-Französischen Krieg, in: Loch, Thorsten und Zacharias, Lars (Hrsg.), Wie die Siegessäule nach Berlin kam. Eine kleine Geschichte der Reichseinigungskriege 1864 bis 1871, Freiburg i. Br./Berlin/Wien 2011, S. 108-112.

Fuchs, Achim, Einführung in die Geschichte der Bayrischen Armee, München 2014.

Funk, Albert, Kleine Geschichte des Föderalismus, Paderborn 2010.

Giese, Fritz, Kleine Geschichte der deutschen Flotte, Wiesbaden o.J.

Gusy, Christoph, Die Weimarer Reichsverfassung, Tübingen 1997.

Hartung, Fritz, Deutsche Verfassungsgeschichte, 9. Auflage, Stuttgart 1969.

Hoffmann, Georg, Preussen und die norddeutsche Heeresgleichschaltung nach der Achtundvierziger Revolution, München 1935.

Hoffmann, Jan, Militärkonventionen und die Anfänge einer „gesamtdeutschen" Armee, in: Loch, Thorsten - Zacharias, Lars (Hrsg.),

Wie die Siegessäule nach Berlin kam. Eine kleine Geschichte der Reichseinigungskriege 1864 bis 1871, Freiburg i. Br./Berlin/Wien 2011, S. 195-199.

Jaeger, Richard, Soldat und Bürger - Armee und Staat, 2. Aufl., Köln 1957.

Lange, Karl, Bismarcks Kampf um die Militärkonvention mit Braunschweig 1867-1886, Weimar 1934.

Marquardt, Ernst, Geschichte Württembergs, 2. Aufl., Stuttgart 1962.

Messerschmidt, Manfred, Die politische Geschichte der preußischdeutschen Armee, in: Militärgeschichtliches Forschungsamt (Hrsg.), Deutsche Militärgeschichte, Band 2, Abschnitt IV, Erster Teil, Militärgeschichte im 19. Jahrhundert, Freiburg 1975/76, S. 1-380.

Neugebauer, Karl-Volker, Des Kaisers „Schimmernde Wehr", Militärgeschichte des Deutschen Kaiserreiches 1871 bis 1914, in: Neugebauer, Karl-Volker (Hrsg.), Grundkurs Deutsche Militärgeschichte, Band 1, München 2009, 378 - 485.

Petter, Wolfgang, Deutscher Bund und deutsche Mittelstaaten, in: Militärgeschichtliches Forschungsamt (Hrsg.), Deutsche Militärgeschichte, Band 2, Abschn. V, Militärgeschichte im 19. Jahrhundert, Zweiter Teil, Freiburg 1975/76, S. 226-358.

Der Große Ploetz, Die Enzyklopädie der Weltgeschichte, 35. Auflage, Göttingen 2008.

Pröve, Ralf, Militär, Staat und Gesellschaft im 19. Jahrhundert, München 2006.

Raesch, Otto, Die staatsrechtliche und staatspolitische Stellung der deutschen Wehrverfassung seit dem Bismarck´schen Reich, Dissertation, Düsseldorf 1938.

Riese, Heinz, Die Badische Wehrmacht 1866-1870/71, Dissertation, Heidelberg 1934.

Ritter, Gerhard, Staatskunst und Kriegshandwerk,
Band 1, Die altpreußische Tradition (1740-1890), München 1954;
Band 2, Die Hauptmächte Europas und die Wilhelminische Tradition, München 1960.

Sautter, Udo, Deutsche Geschichte seit 1815: Daten, Fakten, Dokumente, Band II: Verfassungen, Tübingen 2004.

Schmidt-Richberg, Wieland, Von der Entlassung Bismarcks bis zum Ende des Ersten Weltkriegs 1890-1918, in: Militärgeschichtliches Forschungsamt (Hrsg.), Deutsche Militärgeschichte, Band 3, Abschn. V, Freiburg 1968, S. 9-155.

Seier, Hellmut, Zur Frage der militärischen Exekutive in der Konzeption des Deutschen Bundes, in: Kunisch, Johannes in Zusammenarbeit mit Stollberg-Rilinger, Barbara, Staatsverfassung und Heeresverfassung in der europäischen Geschichte der frühen Neuzeit, Berlin 1986.

Sonnenwald, André, Neue Kameraden, Die 3. Armee im Deutsch-Französischen Krieg, ZMilitär und Geschichte, 2015, Heft 4, S. 57-61.

Stern, Klaus, Das Staatsrecht der Bundesrepublik Deutschland, Band II, München 1980.

Walter, Dierk, Preußische Heeresreformen 1807-1870, Paderborn 2003.

Wienhöfer, Elmar, Das Militärwesen des Deutschen Bundes und das Ringen zwischen Österreich und Preußen um die Vorherrschaft in Deutschland, Dissertation, Osnabrück 1973.

Wohlfeil, Reiner - Dollinger, Hans, Die Deutsche Reichswehr, Wiesbaden 1977.

Zum Autor:

Geboren 1946 in Remscheid. Nach Abitur und Wehrdienst (Lt. d.R.) Studium von Jura, Wirtschaftswissenschaften und Geschichte an der Universität Tübingen. Stipendiat der Studienstiftung, Vors. der Studentenfraktion im Konzil und Senat. Beide juristische Staatsexamen; neben dem Referendardienst Assistent (Öffentliches Recht).

Berufliche Tätigkeiten als Richter, im Wissenschaftsministerium Baden-Württemberg und jeweils Stellvertreter des Kanzlers der Universität Hohenheim und der Freien Universität Berlin; dort zeitweilig „Medizinkanzler".

Promotion im Staatsrecht (Parlamentarische Finanzkontrolle).

Wehrübungen und Weiterbildung u.a. an der Führungsakademie, G 3 - Stabsoffizier und Oberstleutnant d.R.

Vizepräsident des Bundesgesundheitsamtes und kommissarisch Direktor des Robert Koch-Instituts. Dabei maßgebliche Beteiligung an der „Rettung" und Integration zahlreicher wissenschaftlicher Einrichtungen der DDR und deren Mitarbeiter. Nach Auflösung des Bundesgesundheitsamtes Leiter des „Berliner Dienstsitzes" des Bundesgesundheitsministeriums, Mitglied im „Joined Medical Committee" der NATO.

Zuletzt Abteilungsleiter und Ministerialdirigent im Kultusministerium Sachsen-Anhalt und Vorsitzender des Hochschulausschusses der Kultusministerkonferenz.

Nach der Pensionierung Studium von „Military Studies" an der Universität Potsdam mit Master-Abschluss.

Die wissenschaftlichen Schwerpunkte liegen im Staatsrecht und im Hochschulrecht und inzwischen auch in der Militärgeschichte. Dabei gilt das besondere Interesse militärischen „Axiomen" von der Frühantike bis zur Gegenwart.

Register

Absolutistisch, spät-	39, 71	Bundesrepublik Deutschland	106, 108
Abzeichen	31, 51, 56, 65, 74, 77, 80, 98, 105	Bundeswehr	109
		Dänemark	14f, 20, 24
Albert, Prinz von Sachsen, General	67	Dänischer (Schleswig-Holsteinischer) Krieg	18, 21, 24
Baden	5, 12, 19, 32, 48, 55, 57, 59, 62, 65-67, 70, 72, 75, 84, 90, 98, 102, 108, 111	Deutsches Heer	94, 102, 111f
		Deutsches Reich	10, 28, 34, 37, 43, 95, 103
		Deutscher Bund	8, 13f, 16, 23, 25f, 30, 34, 40, 96
Bayern	17, 19f, 23, 34, 41, 43f, 48, 51, 63, 66f, 69f, 72f, 78-80, 82-85, 87f, 90, 95, 98-100, 102-104, 107f, 109, 111f	Deutsch-Französischer Krieg	66, 69
		Dresden	60
		Eisenbahn	13f, 33, 70, 76
		Einberufungsquote	29
Befehl, Ober-	8, 21, 25f, 28f, 33f, 39, 44-47, 49f, 53, 58, 60, 67f, 72, 75, 79f, 81f, 88, 92, 97, 99, 105-108, 111	Ersatzkaiser	106
		Fahneneid, Vereidigung	17, 20, 24, 45, 50, 53, 55, 60, 76, 80, 91, 105f
		Föderalismus, föderalistisch	7-9, 11, 15, 34, 38, 93-95, 107, 109, 112f
Berlin	79f		
Bismarck, Otto von, Staatsmann	22, 32f, 37, 41f, 59, 62, 65-67, 92, 72, 75, 95-97, 99, 101	Frankfurt	9, 14, 36, 90
		Frankreich	20, 29, 37, 66f, 90
		Französische Revolution	14
Braunschweig	9, 12, 32, 38, 51, 53, 64f, 67, 84, 90, 103	Friedrich Wilhelm, General, Kronprinz	66
Brockhaus, Friedrich, Staatsrechtler	11, 91		

G 98 (Gewehr)	104		59, 61, 64, 67-69, 76, 79, 82, 88f, 91, 94f, 97-103, 105f, 108, 112
Gegenzeichnung	43f, 60, 80, 86, 90, 103		
gezogene Rohre	33		
Grundgesetz	9, 93, 109	Kontingentsheer, Kontingentsverfassung	9, 11-15, 21, 23, 44, 81, 93f, 96f, 100, 102, 111f
Haenel, Albert, Staatsrechtler	11, 93		
Hannover	14, 29, 32, 36		
Helm	36, 83, 104	Laband, Paul, Staatsrechtler	11, 94f
Hinterlader	33		
Kaiser	11f, 38-41, 43-45, 47-51, 53, 61f, 64, 69-71, 75f, 78-82, 84-88, 90-92, 97f, 101, 105, 107	Ludwig, Prinz von Hessen, General	66
		Marine	
		- Deutscher Bund	20
		- Kaiserliche	91f
Kaiser (Paulskirchenverfassung)	24	- Paulskirche	24
		- Norddeutscher Bund/preußische	44f
Kaiserreich	9, 11f, 27, 30, 64, 69f, 72f, 84, 88, 93-97, 100, 102f, 107f	-Weimarer Republik	103
		-Bundesrepublik Deutschland	105
König		Moltke, Helmuth von, General	67
- Preußen	11, 28, 32, 38-42, 46-48, 51, 53-55, 57, 59-63, 65, 67, 70f, 73f, 85, 88, 97, 101, 112	Napoleonische Kriege	28
		Norddeutscher Bund	8f, 12, 27f, 34, 36f, 40, 43f, 47, 49, 53f, 56, 58f, 61, 66, 69-71, 73-75, 78, 92, 95, 100ff, 111
- Bayern	78-82, 99		
- Sachsen	59-61, 63		
- Württemberg	75-77, 84, 89		
Königreiche	14, 31, 35f, 52, 57, 74, 86, 96-98, 100		
		Österreich	14f, 17, 19-23, 26, 28f, 32-34, 36f, 49
Kokarden	51, 104f		
Kontingent	9, 15-21, 25f, 29-34, 41, 44f, 49-52, 54-56,		

Peucker, Eduard von, General, Kriegsminister	24	Schlussakte, Wiener	14
		Tann, Jacob von der, General	68f
Ratifizierung	55, 60		
Reformen	22, 29, 40	Uniform	17, 31, 48, 56, 58, 64f, 68, 74, 77, 80, 83, 90, 104f, 105
Reichsgericht	97, 101		
Reichskanzler	38f, 45, 75, 86-88, 92, 97		
Reichspräsident	103-105	Verreichlichung	12, 47, 83, 89, 98, 100, 104, 106, 108
Reichsverfassung			
- 1849	23-27		
- 1871	9, 36ff, 43f, 48f, 53, 55, 69-73, 75, 78, 92, 94, 97, 101, 106, 108, 111, 114f	Verwaltung	
		- Heeres-, Militär-, Wehr-	8, 15f, 26, 48f, 54,-58, 74, 78, 80, 84f, 89, 95-97, 102-105, 107
- 1919	9, 99, 106-108	- Kolonial-	90
Reichswehr	12, 96, 106-108	- Marine-	45, 89
Revolution		Wehrmacht	7, 24, 61, 105
- Französische	14	Wehrpflicht	14, 40, 49, 55-58, 61, 66, 79, 104, 106
- 1848	20f, 23, 50		
- Militärische	33		
Rhein	18, 21, 28, 29, 36	Wehrverfassung	
		- Allgemein	7-9, 28f, 111
Rheinprovinzen, -land	29	- Deutscher Bund	15, 20-22
		- 1849	23f, 26, 32, 34
Roon, Albrecht von, General, Kriegsminister	45	- 1867/1871	10-13, 36, 39f, 44 53, 64, 70ff, 79, 82, 86, 88, 91, 93-95, 102, 111f, 114
Russland	29, 37		
Sachsen, Königreich	18, 37f, 48, 51, 54, 58-61, 63, 67, 75-77, 79, 98-100, 104, 111f	- 1919	9, 106-108
		- 1949	9, 106
		Weltkrieg, 1.	12, 39, 71, 104f, 108, 112
Schleswig-Holstein	18, 24, 36		

Werder, August von, General	68f, 89	Württemberg	12, 19, 29, 48, 51, 61, 63, 67-69, 70, 72f, 75-79, 84f, 87, 90, 94, 98-100, 102-104, 107f, 111f
Werdergewehr	83, 104		
Wiener Kongress	14, 29		
Wilhelm I, Preußischer König/Kaiser	32, 36, 65f		
		Zündnadelgewehr	36
Wilhelm III, Herzog von Braunschweig	62f		
Wrangel, Friedrich von, General	21		

Carola Hartmann Miles-Verlag

Politik, Gesellschaft, Militär

Eberhard Birk, Winfried Heinemann, Sven Lange (Hrsg.), *Tradition für die Bundeswehr. Neue Aspekte einer alten Debatte*, Berlin 2012.

Holger Müller, *Clausewitz' Verständnis von Strategie im Spiegel der Spieltheorie*, Berlin 2012.

Angelika Dörfler-Dierken, *Führung in der Bundeswehr*, Berlin 2013.

Cornelia Fedtke, Kai-Uwe Hellmann, Jan Hörmann, *Migration und Militär. Zur Integration deutscher Soldaten mit Migrationshintergrund in der Bundeswehr*, Berlin 2013.

Torsten Konopka, *Afrikanische Wehrsysteme und ihre Entwicklung zwischen 1990/91 und 2011*, Berlin 2014.

Wolf Graf von Baudissin, *Grundwert Frieden in Politik – Strategie – Führung von Streitkräften*, hrsg. von Claus von Rosen, Berlin 2014.

Wolf Graf von Baudissin, *Der Widerstand. „… um nie wieder in die ausweglose Lage zu geraten…"*, hrsg. von Claus von Rosen, Berlin 2014.

Marcel Bohnert, Lukas J. Reitstetter (Hrsg.), *Armee im Aufbruch. Zur Gedankenwelt junger Offiziere in den Kampftruppen der Bundeswehr*, Berlin 2014.

Arjan Kozica, Kai Prüter, Hannes Wendroth (Hrsg.), *Unternehmen Bundeswehr? Theorie und Praxis (militärischer) Führung*, Berlin 2014.

Angelika Dörfler-Dierken, Robert Kramer, *Innere Führung in Zahlen. Streitkräftebefragung 2013*, Berlin 2014.

Phil C. Langer, Gerhard Kümmel (Hrsg.), *„Wir sind Bundeswehr." Wie viel Vielfalt benötigen/vertragen die Streitkräfte?*, Berlin 2015.

Dirk Freudenberg, *Counterinsurgency. Aufstandsbekämpfung als Phase zur Überwindung schwacher Staatlichkeit und zur Etablierung des Aufbaus einer stabilen Nachkriegsordnung?*, Berlin 2016.

Alois Bach, Walter Sauer (Hrsg.), *Schützen.Retten.Kämpfen. Dienen für Deutschland*, Berlin 2016.

Dirk Freudenberg, Stephan Maninger, *Neue Kriege. Sicherheitspolitische Rahmenbedingungen, Mentalitäten, Strategien, Methoden und Instrumente*, Berlin 2016.

Claas Siano, *Die Luftwaffe und der Starfighter,* Berlin 2016.
Eberhard Birk, Peter Andreas Popp, *Luftwaffenoffizier 21. Das Selbstverständnis des Luftwaffenoffiziers zu Beginn des 21. Jahrhunderts,* Berlin 2016.
Eberhard Birk, Heiner Möllers (Hrsg.), *Luftwaffe und Luftverteidigung,* Berlin 2017.
Alessandro Rappazzo, *Vorsprung durch Leadership. Modernes Leadership in der Armee,* Berlin 2017.
Oliver Schmidt, *Deutsche Außenpolitik und die Zukunft der nuklearen Teilhabe in der NATO,* Berlin 2017.
Wolfgang Peischel (Hrsg.), *Wiener Strategie-Konferenz 2016. Strategie neu denken,* Berlin 2017.
Dirk Freudenberg, *Theorie des Irregulären – Erscheinungen und Abgrenzungen von Partisanen, Guerillas und Terroristen im Modernen Kleinkrieg sowie Entwicklungstendenzen der Reaktion,* Bd. 1-3, Berlin 2017.
Donald Abenheim and Carolyn Halladay, *Soldiers, War, Knowledge and Citizenship: German-American Essays on Civil-Military Relations,* Berlin 2017.

Standpunkte und Orientierungen

Daniel Giese, *Militärische Führung im Internetzeitalter – Die Bedeutung von Strategischer Kommunikation und Social Media für Entscheidungsprozesse, Organisationsstrukturen und Führerausbildung in der Bundeswehr,* Berlin 2014.
Dirk Freudenberg, *Auftragstaktik und Innere Führung. Feststellungen und Anmerkungen zur Frage nach Bedeutung und Verhältnis des inneren Gefüges und der Auftragstaktik unter den Bedingungen des Einsatzes der Deutschen Bundeswehr,* Berlin 2014.
Uwe Hartmann (Hrsg.), *Lernen von Afghanistan. Innovative Mittel und Wege für Auslandseinsätze,* Berlin 2015.
Fouzieh Melanie Alamir, *Vernetzte Sicherheit – Quo Vadis?,* Berlin 2015.
Hartwig von Schubert, *Integrative Militärethik. Ethische Urteilsbildung in der militärischen Führung,* Berlin 2015.

Uwe Hartmann, *Hybrider Krieg als neue Bedrohung von Freiheit und Frieden. Zur Relevanz der Inneren Führung in Politik, Gesellschaft und Streitkräften,* Berlin 2015.

Klaus Beckmann, *Treue.Bürgermut.Ungehorsam. Anstöße zur Führungskultur und zum beruflichen Selbstverständnis in der Bundeswehr,* Berlin 2015.

Florian Beerenkämper, Marcel Bohnert, Anja Buresch, Sandra Matuszewski, *Der innerafghanische Friedens- und Aussöhnungsprozess,* Berlin 2016.

Martin Sebaldt, *Nicht abwehrbereit. Die Kardinalprobleme der deutschen Streitkräfte, der Offenbarungseid des Weißbuchs und die Wege aus der Gefahr,* Berlin 2017.

Christian J. Grothaus, *Der "hybride Krieg" vor dem Hintergrund der kollektiven Gedächtnisse Estlands, Lettlands und Litauens,* Berlin 2017.

Uwe Hartmann, *Der gute Soldat. Politische Kultur und soldatisches Selbstverständnis heute,* Berlin 2018.

Militärgeschichte

Peter Heinze, *Bundeswehr „erobert" Deutschlands Osten,* Berlin 2010.

Dieter E. Kilian, *Adenauers vergessener Retter – Major Fritz Schliebusch,* Berlin 2011.

Ingo Pfeiffer, *Gegner wider Willen. Konfrontation von Volksmarine und Bundesmarine auf See,* Berlin 2012.

Ingo Pfeiffer, *Seestreitkräfte der DDR. Abriss 1950 bis 1990,* Berlin 2014

Dieter E. Kilian, *Kai-Uwe von Hassel und seine Familie. Zwischen Ostsee und Ostafrika. Militär-biographisches Mosaik,* Berlin 2013.

Peter Heinze, *Berliner Militärgeschichten,* Berlin 2013.

Ingo Pfeiffer, *Seestreitkräfte der DDR. Abriss 1950–1990,* Berlin 2014.

Ulrich C. Kleyser, *Lazare Carnot. "Le Grand Carnot". Ein Charakterbild,* Berlin 2016.

Eberhard Kliem, Kathrin Orth, *"Wir wurden wie blödsinnig vom Feind beschossen". Menschen und Schiffe in der Skagerrakschlacht 1916,* Berlin 2016.

Eberhard Birk, *"Auf Euch ruht das Heil meines theuern Württemberg!". Das Gefecht bei Tauberbischofsheim am 24. Juli 1866 im Spiegel der württembergischen Heeresgeschichte des 19. Jahrhunderts,* Berlin 2016.

Eckhard Lisec, *Der Unabhängigkeitskrieg und die Gründung der Türkei 1919–1923,* Berlin 2016.

Hans Frank, Norbert Rath, *Kommodore Rudolf Petersen. Führer der Schnellboote 1942–1945. Ein Leben in Licht und Schatten unteilbarer Verantwortung,* Berlin 2016.

Ingo Pfeiffer, *Heinz Neukirchen. Marinekarriere an wechselnden Fronten,* Berlin 2017.

Joachim Welz, *Erfolgsstory oder Trauma – die Übernahme von Armeen. Lehren aus der Übernahme des österreichischen Bundesheeres in die Wehrmacht 1938 und der Reste der NVA in die Bundewehr 1990,* Berlin 2018.

Erinnerungen

Blue Braun, *Erinnerungen an die Marine 1956–1996,* Berlin 2012.

Klaus Grot, *So war's, damals. Dienstchronik eines Pionieroffiziers im Kalten Krieg 1954–1991,* Berlin 2014.

Gustav Lünenborg, *Bürger und Soldat. Innere Führung hautnah 1956–1993, 1993–2015,* Berlin 2015.

Adolf Brüggemann, *Als Offizier der Bundeswehr im Auswärtigen Dienst. Meine Erinnerungen als Militärattaché in Seoul (Republik Korea) 1978–83 und in Prag (Tschechoslowakei/Tschechien) 1988–1993,* Berlin 2015.

Rainer Buske, *Eine Reise ins Innere der Bundeswehr. Wundersame Geschichten aus einer anderen Welt,* Berlin 2016.

Heinz Laube, *Duell am Himmel,* Berlin 2016.

Winfried Papenfuß, *Die Kriege der Karendorffs,* Berlin 2016.

Viktor Toyka, *Dienst in Zeiten des Wandels. Erinnerungen aus 40 Jahren Dienst als Marineoffizier 1966-2000,* Berlin 2017.

Dieter Hanel, *Military Link. Sicherheitspolitische Zeitreiseeines Offiziers und Rüstungsmanagers,* Berlin 2018.

Jahrbuch Innere Führung

Uwe Hartmann, Claus von Rosen, Christian Walther (Hrsg.), *Jahrbuch Innere Führung 2009. Die Rückkehr des Soldatischen,* Eschede 2009.

Helmut R. Hammerich, Uwe Hartmann, Claus von Rosen (Hrsg.), *Jahrbuch Innere Führung 2010. Die Grenzen des Militärischen,* Berlin 2010.

Uwe Hartmann, Claus von Rosen, Christian Walther (Hrsg.), *Jahrbuch Innere Führung 2011. Ethik als geistige Rüstung für Soldaten,* Berlin 2011.

Uwe Hartmann, Claus von Rosen, Christian Walther (Hrsg.), *Jahrbuch Innere Führung 2012. Der Soldatenberuf zwischen gesellschaftlicher Integration und suis generis-Ansprüchen,* Berlin 2012.

Uwe Hartmann, Claus von Rosen (Hrsg.), *Jahrbuch Innere Führung 2013. Wissenschaften und ihre Relevanz für die Bundeswehr als Armee im Einsatz,* Berlin 2013.

Uwe Hartmann, Claus von Rosen (Hrsg.), *Jahrbuch Innere Führung 2014. Drohnen, Roboter und Cyborgs – Der Soldat im Angesicht neuer Militärtechnologien,* Berlin 2014.

Uwe Hartmann, Claus von Rosen (Hrsg.), *Jahrbuch Innere Führung 2015. Neue Denkwege angesichts der Gleichzeitigkeit unterschiedlicher Krisen, Konflikte und Kriege,* Berlin 2015.

Uwe Hartmann, Claus von Rosen (Hrsg.), *Jahrbuch Innere Führung 2016. Innere Führung als kritische Instanz,* Berlin 2016.

Uwe Hartmann, Claus von Rosen (Hrsg.), *Jahrbuch Innere Führung 2017. Die Wiederkehr der Verteidigung in Europa und die Zukunft der Bundeswehr,* Berlin 2017.

www.miles-verlag.jimdo.com